Werner Adelmaier
Karl Filser
Wolfgang Hasberg
Michael Wandl

Geschichten erzählen 2

So lebten die Menschen im alten Rom

ÖBV Pädagogischer Verlag, Wien

In Verlagsgemeinschaft mit:
Ed. Hölzel, Wien
Hölder-Pichler-Tempsky, Wien
Verlag Jugend & Volk, Wien

Inhalt

So lebten die Menschen im alten Rom 3
Der Abstieg des Spurius Ligustinus 4
Lebendige Ware zu verkaufen! 7
Es wäre doch dumm aufzugeben! 11
Auf die Verpackung kommt es an 15
Buntes Treiben in Roms engen Gassen 19
Anleitung zum Anlegen einer Toga 22
Menschen – Tiere – Sensationen 23
Unser tägliches Latein 25
So spielten die Kinder in Rom 25
Vögel fielen tot aus der Luft 27
Rebellion der Rechtlosen 30
Nur das Beste vom Besten 33
Kein Schwitzbad ohne Holz! 37
Steine statt Teppich (Malbild) 40
Die Christen in den Circus! 41
Begegnung am Limes 45
Germanische Familie (Malbild) 47
Lesetipps 48

Liebe Schülerin, lieber Schüler,
du bekommst dieses Schulbuch von der Republik Österreich für deine Ausbildung.

Bücher helfen nicht nur beim Lernen, sondern sind auch Freunde fürs Leben.

Mit Bescheid des Bundesministeriums für Unterricht und kulturelle Angelegenheiten vom 5. Juli 1996, GZ 43.314/304-V/2/95, gemäß § 14 Abs. 2 und 5 des Schulunterrichtsgesetzes, BGBl. Nr. 472/86, und gemäß den derzeit geltenden Lehrplänen für den Unterrichtsgebrauch an Hauptschulen und an allgemeinbildenden höheren Schulen für die 2. Klasse im Unterrichtsgegenstand Geschichte und Sozialkunde geeignet erklärt.

Dieses Schulbuch wurde auf der Grundlage eines Rahmenlehrplans erstellt; die Auswahl und die Gewichtung der Inhalte erfolgen durch die Lehrerinnen und Lehrer.

SchBNr. **1060**
Geschichten erzählen 2: Rom
ÖBV Pädagogischer Verlag, Wien
1. Auflage 1997

 Kopierverbot

Wir weisen darauf hin, dass das Kopieren zum Schulgebrauch aus diesem Buch verboten ist – § 42 Absatz (3) der Urheberrechtsgesetznovelle 1966: »Die Befugnis zur Vervielfältigung zum eigenen Schulgebrauch gilt nicht für Werke, die ihrer Beschaffenheit und Bezeichnung nach zum Schul- oder Unterrichtsgebrauch bestimmt sind.«

1. Auflage 1997 (1.00)
© ÖBV Pädagogischer Verlag GmbH, Wien 1997
Umschlag und Ausstattung: Ing. Günther Plass
Druck: Bohmann Druckerei Ges.m.b.H. & CoKG., Wien, Satzherstellung: Baroschrift, Wien
Printed in Austria
ISBN 3-215-**12041**-0

So lebten die Menschen im alten Rom

Der Sage nach wurde die Stadt Rom 753 v. Chr. von Romulus und Remus gegründet. Ihr Vater, der Kriegsgott Mars, soll sie in einem Weidekorb auf dem *Tiber* ausgesetzt haben, weil er befürchtete, sie könnten seine Macht gefährden. Doch eine Wölfin fand die Jungen, nährte sie und zog sie auf. Noch heute ist deshalb die säugende Wölfin das Wahrzeichen Roms.

Wölfin (Bronzeplastik um 500 v. Chr.)
Vielleicht die älteste uns bekannte Darstellung. Die Zwillinge wurden erst im Jahre 1471 hinzugefügt.

Gesellschaftsaufbau

Adel (Amtsadel, Geldadel)

Mittelstand (Bauern, kleine Handwerker, Händler)

Proletariat (besitzlose freie römische Bürger)

Sklaven (rechtlos, leibeigen)

Nur die Patrizier, die über großen Grundbesitz verfügenden Adeligen, besaßen genügend Zeit zur Ausübung politischer Ämter. Bauern, Handwerker und Kaufleute, die Plebejer genannt wurden, mussten hart für ihren Lebensunterhalt arbeiten und waren daher von den politischen Ämtern ausgeschlossen. Erst nach langen Auseinandersetzungen mit den Patriziern, erlangten die Plebejer allmählich immer mehr Rechte und konnten schließlich (336 v. Chr.) sogar *Konsuln* werden. Durch die vielen Kriege, an denen sie gezwungen waren teilzunehmen, verarmten viele römische Bürger und mussten sich in den Dienst reicher Adeliger begeben; weil die meisten Familien sehr kinderreich waren, nannte man sie *Proletarier*.

Tiber
Fluss, der durch Rom fließt und im Mittelmeer mündet.
Konsuln
Titel der zwei höchsten Beamten der römischen Republik
Proletarier
Die besitzlosen römischen Bürger, die von Steuern und Heeresdienst befreit waren; ihr einziger Besitz waren ihre Kinder (lat.: proles).

Der Abstieg des Spurius Ligustinus

Als freie römische Bürger waren auch die Bauern verpflichtet, als Soldaten für ihre Vaterstadt in Kriege zu ziehen, die mitunter Jahre dauerten. Was geschah in der Zwischenzeit mit ihren Höfen und Familien?

Ave
Sei gegrüßt!
Ass
Niedrige römische Geldeinheit
Samniterland
Das Land der Samniter, die sich in vielen Kriegen gegen die Römer behaupten konnten, bis sie 82 v. Chr. vernichtend geschlagen wurden und ihr Land von römischen Bürgern in Besitz genommen wurde.

In einem zerrissenen Mantel und mit blutender Nase betrat Spurius Ligustinus das Gasthaus an der Porta Capena.
»Wehe den Besiegten!«, grüßte der Wirt spöttisch und schallendes Gelächter erfüllte den Raum. Spurius wankte zu einem Tisch, an dem ein einzelner Mann saß.
»*Ave*«, sagte sein Gegenüber. »Ich heiße Eunus und stamme aus Tarent. Ich bin Sklave und Leichenwäscher – deshalb habe ich in allen Schänken immer einen Tisch für mich!«
Spurius antwortete: »Ich bin zwar römischer Bürger, doch mir geht es nicht besser als dir. Einst war ich Besitzer eines kleinen Landstücks, jetzt aber bin ich Proletarier und besitze nichts weiter als meine Frau, meine sechs Söhne und vier Töchter! Wir hausen in zwei rußigen Zimmern über einer Bäckerei. Nicht mehr als 16 *Asse* verdiene ich pro Tag in der Markthalle am Tiberhafen. Das ist nicht genug, um die Familie zu ernähren und die Schulden abzuzahlen.«
»Du siehst nicht aus, als wärst du ein Opfer deiner eigenen Unfähigkeit.« Eunus lächelte freundlich: »Was also ist dir widerfahren?«
»Ich bin in Venusia geboren, das liegt im *Samniterland*. Meine Vorfahren waren von Rom dorthin gezogen, als die Stadt römische *Kolonie* wurde. Das Ackerland vererbte mir mein Vater samt der kleinen Hütte, in der ich geboren wurde und aufgewachsen bin.
Doch die Getreidefelder erbrachten kaum Ernte. Deshalb musste ich nebenbei auf den Nachbargütern der Adeligen als Tagelöhner arbeiten. Selten gab es bei uns Schweine- oder Hammelfleisch zu essen. Wir begnügten uns mit Bohnen, Rüben und Zwiebeln, dazu mit billigem Fisch.
Von den Schuhen über die Kleidung bis hin zu Pflug und Hacke stellten wir alles in Handarbeit her. Und dennoch, obwohl der Arbeitstag lang war und wir immer vor dem Ruin standen, genossen wir die Gunst *Fortunas* – bis der Krieg kam, und ich Soldat werden musste!«
Eunus, der Leichenwäscher, war am Schicksal des zerknitterten Ligustinus nun wirklich interes-

siert: »Senat und Volk von Rom riefen dich also zu den Waffen? Das ist doch eine Ehre für jeden Römer – oder?«

»Ich verfluche den Tag, an dem *Hannibal* zu seinem Zug über die Alpen ansetzte! Als Rom sogar Kinder und Sklaven als Notaufgebot aushob, da konnte ich nicht länger zurückstehen: Zwölf Jahre kämpfte ich in Spanien, danach war ich beim Heer unter *Scipio* in Sizilien und setzte mit nach Afrika über, dann nochmals Spanien. Vierunddreißigmal wurde ich in 22 Dienstjahren wegen Tapferkeit ausgezeichnet! Doch immer, wenn ich Urlaub hatte und Frau und Kinder besuchte, tat mir mein Herz weh.«

»Das kann ich glauben: Dein Acker wurde in dieser Zeit nicht bestellt, weil die Kinder zu klein waren; dringende Arbeiten blieben liegen. Und deine Frau – wie heißt sie eigentlich...?«

»Herennia.«

»...und Herennia wird sich täglich den Kopf zerbrochen haben, wie sie ihren Nachwuchs satt bekommen soll!«

Spurius nickte und seufzte: »Was brachte ich aus Spanien mit? Ein paar Kupfermünzen, die hier nichts wert waren, ein bisschen Stoff, Muscheln und eine Kette aus *Bernstein*, die ich der Göttin *Spes* weihte und meiner Frau schenkte.«

»Aber du hast doch versucht, dein

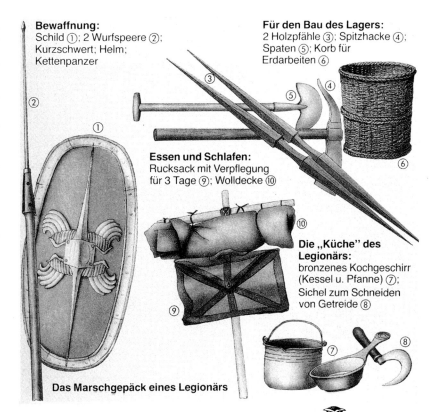

Bewaffnung:
Schild ①; 2 Wurfspeere ②; Kurzschwert; Helm; Kettenpanzer

Für den Bau des Lagers:
2 Holzpfähle ③; Spitzhacke ④; Spaten ⑤; Korb für Erdarbeiten ⑥

Essen und Schlafen:
Rucksack mit Verpflegung für 3 Tage ⑨; Wolldecke ⑩

Die „Küche" des Legionärs:
bronzenes Kochgeschirr (Kessel u. Pfanne) ⑦; Sichel zum Schneiden von Getreide ⑧

Das Marschgepäck eines Legionärs

kleines Gut wieder aufzubauen?«, fragte Eunus zögernd und wischte sich die Nase.

»Natürlich«, sagte Spurius: »Es ist mir aber nicht gelungen, die göttlichen Mächte günstig zu stimmen. Der Boden trug nach so vielen Jahren der Vernachlässigung kaum noch Früchte. Wir waren am Ende. Wir brauchten Geld, also bewarb ich mich wieder auf den großen Gütern um Arbeit – ohne Erfolg, denn wer immer es sich leisten konnte, besorgte sich Sklaven, die als Gefangene in großer Zahl nach Italien gebracht

Kolonie
Siedlung außerhalb Roms, in der römische Bürger wohnten.
Fortuna
Göttin des Glücks
Hannibal
(247 – 183 v. Chr.) Feldherr der afrikanischen Stadt Karthago, gegen die Rom erbitterte Kriege führte.
Scipio
Feldherr, unter dessen Führung 202 v. Chr. Karthago besiegt wurde.

Ohne Mittel für den Einsatz von Sklaven und modernem Gerät war der kleine Bauer im Wettbewerb unterlegen.

Bernstein
Gelblich-braunes Harzgestein
Spes
Römische Göttin der Hoffnung
Darlehen
Überlassung von Geld mit der Vereinbarung, den Betrag zurückzuzahlen.
Wucherer
Jemand, der für verliehenes Geld einen übermäßig hohen Zins verlangt.

- *Versetze dich in die Lage der Herennia und schreibe Ligustinus einen Brief über die Sorgen in der Heimat.*
- *Überlege dir Möglichkeiten, wie die Verarmung der Bauern hätte verhindert werden können.*

wurden. Um den kleinen Hof dennoch zu halten, musste ich ein *Darlehen* aufnehmen. Und dabei hatte ich keine gute Hand.«
Eunus räusperte sich: »Natürlich bist du an einen *Wucherer* geraten, wie sie in Rom zu Dutzenden ihr Unwesen treiben!«
»Genauso war es«, bestätigte Ligustinus. »Die hohen Zinsen, die der Großgrundbesitzer forderte, konnte ich nicht aufbringen und musste meinen Hof verlassen.«
»Du bist also einfach enteignet worden?«
»So ist es!«, entgegnete Spurius grimmig. »Dieser Großgrundbesitzer, Sextus Furius Bibaculus mit Namen, gehört zu den Kriegsgewinnlern der übelsten Sorte. Er brachte Äcker all jener Familien an sich, deren Väter und Söhne in den Krieg gezogen waren.«
»Und wer hat dich so zugerichtet, dass du mit blutiger Nase hier sitzt?«, wollte Eunus nun wissen.
»Das waren Kerle, die mir Bibaculus auf den Hals gehetzt hat, damit ich meine Schulden zahle. Bibaculus – ja der hat viele Freunde in den höchsten Kreisen der Stadt. In diesem schmutzigen Spiel habe ich keine Chance.«

Lebendige Ware zu verkaufen!

Je weiter sich das Weltreich ausdehnte, desto mehr Sklaven wurden nach Italien gebracht, wo sie für Arbeiten im Haus, auf den Feldern oder in den Bergwerken verkauft wurden. Marcus Portius Cato, ein römischer Politiker und Schriftsteller (234–149 v. Chr.) hatte viele Sklaven für die Arbeit auf seinem Landgut erworben. Von Zeit zu Zeit kam er, um nach dem Rechten zu sehen.

»Zum Donnerwetter! Dieses schwerfällige Sklavenpack hat die Anordnungen des Verwalters immer noch nicht befolgt und die Ölmühle repariert. Wie heißen diese Sklaven?«, wütet Cato.
Der Nomenclator, ein Sklave, der die Namen aller Knechte des Gutes kennt und der den Herrn bei seinem Rundgang begleitet, springt vor und benennt die Leute: »Der hier ist Smaragd, dort stehen Thrax und Epirus, der Alte heißt Nießwurz.«
Nun wendet sich der Zorn des Gutsherrn dem weißhaarigen Nießwurz zu. Er tritt an den Greis heran, befühlt rücksichtslos die Oberarmmuskeln und das Fleisch auf den Rippen.
»Wie alt bist du?«, fragt er barsch.
»Es werden bald sieben Jahrzehnte sein, Herr.«
»Man bestiehlt mich«, sagt Cato anklagend. »Habe ich nicht tausendmal befohlen, alte Wagen, altes Eisen, alte Ochsen und alte Sklaven rechtzeitig zu verkaufen, ehe sie an Wert verlieren?«
Zornerfüllt geht er in Richtung Verwaltungsgebäude des Gutes davon.
Der Nomenclator – der Sklave ist ein gebildeter Grieche – schaut ihm finster nach. »Ich für meine Person würde nicht einmal einen Ochsen, den ich für die Bestellung meines Feldes gebraucht habe, wegen seines Alters abschaffen, noch viel weniger würde ich einen alten Knecht ver-

Römische Sklaven bei der Feldarbeit

kaufen, nur um noch etwas Gewinn zu machen.«

Cato fühlt sich hintergangen und betrogen.

»Licinius«, sagt er am Nachmittag zu seinem Verwalter, »heute traf ich an der Ölmühle einen Greis, der nächstens zusammenbrechen wird. Willst du mich um mein Vermögen bringen?«

Der Verwalter hat die Frage längst befürchtet. Dem alten Mann, den jeder auf dem Gut wegen seiner Hilfsbereitschaft und Bescheidenheit gern hat, möchte er helfen. Er versucht deshalb abzulenken.

»Herr«, sagt er, »du wirst dich sicher daran erinnern, dass du bei deinem letzten Aufenthalt dem griechischen Sklaven Graecus ein Darlehen von 5000 *Drachmen* gabst, damit er Kinder kaufen konnte, um sie aufzuziehen und anzulernen. Nun hat Graecus Glück gehabt, die erworbenen Knaben sind als Schreiner, Schmiede und Töpfer schon sehr geschickt; zwei Mädchen entwickeln sich hübsch und verstehen zu tanzen. Auf dem Markt werden sie einen guten Preis erzielen, es sei denn, du wünschest die Kinder selbst zu behalten.«

»Gut so«, sagt Cato und reibt sich zufrieden die Hände, »das höre ich gerne. Wenn Graecus so fortfährt, wird er in fünf Jahren die Summe verdient haben, um sich freizukaufen, denn ich lasse ihm zehn Prozent als Gewinn. Später wollen wir die junge Zucht besehen. Warum werden eigentlich so wenig Kinder auf meinem Gut geboren? Du musst mehr Sklaven verheiraten, Licinius!«

Plötzlich springt Catos unruhiger Geist wieder auf die leidige Frage des alten Sklaven zurück. »Dieser Nießwurz an der Ölmühle muss verkauft werden. Er ist zu alt und stirbt bald.«

»Herr«, wagt Licinius einzuwenden, »er hat vierzig Jahre fleißig auf dem Gut gearbeitet.«

»Eben deshalb muss er fort. Vierzig Jahre ist zu lang, da hat sich seine Kraft verbraucht. Wir fahren morgen zum Markt nach Tibur.«

Auf dem kleinen *Forum* von Tibur drängen sich die Käufer und Zuschauer. Durch den Verkauf der Kriegsgefangenen aus den letzten Feldzügen sind die Sklavenmärkte Italiens mit lebendiger »Ware« überfüllt.

Cato geht mit seinem Verwalter von Stand zu Stand und schaut sich die ausgestellten Männer und Frauen an. Den alten Nießwurz hat er einem mit allen Wassern gewaschenen Sklavenhändler in *Kommission* gegeben. Der Händler hat dem Alten die bleichen Wangen rot geschminkt und hat ihm etwas *Belladonna* in die trüben Augen geträufelt, damit er jünger aussehe.

Drachme
Griechische Silbermünze
Forum
Marktplatz einer römischen Stadt
Kommission
Ein Händler übernimmt eine Ware, um sie für den Besitzer zu verkaufen.
Belladonna
Saft der Tollkirsche, der die Pupillen erweitert.
Juno
Römische Göttin, Frau des Jupiters

Landgut eines Großgrundbesitzers

In dem stillen Winkel zwischen dem niederen Ratsgebäude und dem Tempel der *Juno* ist eine Anzahl von geschlossenen Bretterbuden aufgeschlagen, wo bessere Ware feilgeboten wird. Dorthin lenkt Cato seine Schritte. Einige Male bleibt er stehen und besieht sich die großen, kräftigen Männer, die auf Holzgerüsten ausgestellt sind: Gallier und Illyrer mit wirrem, struppigem Barthaar. Auf Tafeln, die den Sklaven um den Hals hängen, sind ihre Vorzüge vermerkt. Am Hals eines Sklaven aber bemerkt Cato den verdächtigen Eisenring mit der Aufschrift »Bring mich zurück!« und der Adresse des Besitzers. An entlaufenen Sklaven ist er nicht interessiert. Das bringt nur Ärger ein.

Statt dessen betritt Cato die Bude eines Händlers, der ihm von seinem Verwalter empfohlen worden ist. Er lässt sich einige junge Handwerker und Bauern vorführen und fragt nach dem Preis.

»Es gehört zu meinen Grundsätzen«, sagt er, »für einen Ackersklaven niemals mehr als 1500 Drachmen zu geben, dann muss es aber allerbeste Ware sein!«

»Wir werden einen vernünftigen

Hellene Grieche *Aristoteles* Berühmter griechischer Philosoph *Sesterz* Römische Silbermünze

- *Versetze dich in die Person des Nomenclators: Ein neuer Sklave kommt zu dir. Erkläre ihm, welches Schicksal ihn auf Catos Landgut erwartet.*
- *Warum rät Cato dem Händler, den hellenischen Sklaven zu ertränken?*
- *Nicht alle Römer dachten so über die Sklaverei wie Cato! Stelle seine Ansichten denen des Nomenclators und des Licinius gegenüber.*

Preis machen«, erklärt der Händler, und nach einem schnellen, abschätzenden Blick auf den vornehmen Kunden fährt er fort: »Ein Sonderangebot, Herr, ich habe hier einen hoch gebildeten *Hellenen* aus Athen, er zitiert den ganzen *Aristoteles* auswendig.«

Schnell schiebt er einen Mann mit dem geistvollen Kopf eines Gelehrten vor und fordert ihn durch Rippenstoß auf, seine Künste zu zeigen.

»*Aristoteles* lehrt«, sagt der Hellene in gebrochenem Latein, »der Mensch habe zweierlei Bestimmungen: entweder als Herr zu leben und seinen Geist zur Höhe zu führen oder als Sklave die Voraussetzungen für das Leben der Herren zu schaffen. Doch – Herr – es gibt auch eine andere Schule, die sagt: Nächst den Göttern ehre die Mitmenschen und diene ihnen, sind wir doch alle verwandt und Gebilde derselben Vorsehung. Mache dabei ebenfalls wie die Götter keinen Unterschied zwischen Freien und Unfreien, Gebildeten und Barbaren!«

»Zehntausend *Sesterzen* für den klugen Mann!«, triumphiert der Händler.

Aber Cato schlägt dem Sklaven den Stock ins Gesicht. »Ich will den hellenischen Klugredner nicht einmal umsonst!«, schimpft er, »behalte ihn und versenk ihn ins Meer, da, wo es am tiefsten ist!«

Wütend verlässt er die Hütte.

Am anderen Ende des Forums steht noch immer der alte Nießwurz. Ausdruckslos und verstört blickt er über das Gewühl der Menschen hin und wartet, ob sich irgendwer erbarmt, einen Mann an der Schwelle des Grabes zu kaufen und ihm das Gnadenbrot zu schenken.

Eine der ältesten römischen Münzen (3. Jh. v. Chr.): Januskopf, Schiffsbug.
Beachte: Jänner kommt von Januarius, der in die Vergangenheit und in die Zukunft blickt.

Es wäre doch dumm aufzugeben!

In seinem Geschichtsbuch »Seit der Gründung der Stadt« berichtet Livius (59 v.Chr. – 17 n.Chr.) von einem seltenen und merkwürdigen Ereignis: Die Frauen begehrten auf! Worum es ihnen dabei ging, schildert die folgende Geschichte:

»Wohin willst du, Fulvia?«
»Dumme Frage: Fort!«
»Du bleibst hier!«
»Willst du mich etwa festhalten?« Fulvia lachte und sah fast mitleidig auf ihren schmächtigen Ehemann Lucius Calpumius Piso herab. Sie war fast einen Kopf größer als er, hatte breite Schultern und kräftige Hände, vor denen sich alle Sklaven im Haus fürchteten.
»Du bleibst!«, sagte Piso: »Ich befehle es dir!«
»Mach dich nicht lächerlich!«, zischte Fulvia zurück: »Afer spitzt schon die Ohren!« Damit schob sie Piso, der sich ihr in den Weg stellen wollte, wie einen kleinen Jungen zur Seite und zog davon. Kaum war sie weg, da kam auch schon der schwarze Pförtner Afer und stellte sich neben den verdatterten Piso.
»Hast du das gehört, Afer? Sie ist doch sonst eine so tüchtige und gute Frau. Aber seit einigen Tagen ist sie ganz verändert!«
»Alle Frauen in Rom scheinen zur Zeit ein bisschen verrückt zu sein«, sagte der alte Sklave. »Was ist los mit ihnen?«

»Es geht um ein Gesetz«, erklärte Piso, der froh war, einen Zuhörer gefunden zu haben. »Damals, im Krieg gegen die *Karthager*, als es uns ganz dreckig ging, hat ein gewisser Oppius ein Gesetz eingebracht, nach dem keine Römerin in Zukunft ein *Purpurgewand* und mehr als eine halbe Unze Gold am Leibe tragen dürfe. Viele Frauen haben damals ihren ganzen Schmuck der Staatskasse gestiftet.«
»Für die Staatskasse?«, fragte Afer ungläubig.
»Ja, für die Staatskasse. Wir haben dafür Schiffe gebaut und Ruderer bezahlt und den Krieg gewonnen und jetzt wollen die Frauen, dass das Gesetz abgeschafft wird.«
»Und warum schafft ihr es nicht ab?«
»Als Sklave kannst du das wohl nicht verstehen – was? Wo kämen wir hin, wenn wir anfingen, unsere guten alten Gesetze abzuschaffen?«
Das konnte Afer nun wirklich nicht verstehen. Und während sein Herr sich beruhigt hatte, trottete er zu seiner Pforte zurück.

Karthago
Nordafrikanische Stadt, gegen die Rom zwischen 264 und 146 v. Chr. immer wieder Kriege um die Vorherrschaft im Mittelmeer geführt hat.
Purpur
Aus der Purpurschnecke gewonnenes Farbstoffgemisch, das zum Färben von Stoffen benutzt wurde. Teuerster Farbstoff in der Antike.

Unterdessen lieferten sich auf dem Forum von Rom die Befürworter und Gegner des Luxusgesetzes erbitterte Redeschlachten. Am entschiedensten sprach sich der Konsul, Marcus Porcius Cato, gegen jede Änderung des Gesetzes aus und wusch seinen Mitbürgern gehörig den Kopf:

»Wenn jeder von euch, Römer, bei seiner eigenen Frau den Daumen draufgehalten hätte, dann müssten wir uns nicht mit den Weibern herumärgern, die sich nun haufenweise rings um das Forum drängen! Aber ihr habt euch daheim von diesen außer Rand und Band geratenen Biestern an die Wand drücken lassen, und darum trampeln sie nun in aller Öffentlichkeit auf unseren Männerrechten herum. Weil wir sie einzeln nicht bremsen konnten, müssen wir sie nun in geballter Masse fürchten! Lässt man die Frauen erst einmal zusammenkommen und die Köpfe zusammenstecken und heimlich zusammen Pläne schmieden, dann muss man das Schlimmste befürchten!«

Cato ließ seiner Abneigung gegen das weibliche Geschlecht freien Lauf:

»Gebt ihnen nur nach, diesen unbeherrschten Wesen, diesen zügellosen Bestien, und wiegt euch in der Hoffnung, dass sie irgendwann genug haben! Ihr werdet schon sehen, was passiert, wenn sie die Ketten sprengen, an die sie unsere Vorfahren klugerweise gelegt haben: Kaum sind sie frei, so stecken sie euch in die Tasche!«

Im Grunde, so meinte Cato, sei das Gesetz des Oppius ein Segen: Es gäbe deshalb keinen Konkurrenzkampf zwischen den Frauen, wer sich den meisten Schmuck leisten könne, weil eben keine sich viel leisten dürfe.

Dass sich die Frauen, die das Forum jetzt praktisch belagerten, an fremde Männer heranmachten und sie zu beeinflussen suchten, gegen das Gesetz zu stimmen, sei doch ein Alarmsignal: Alle Scham und jeden Anstand hätten sie schon verloren!

Mit dem Appell an die Sparsamkeit, die Eifersucht und die Angst seiner Mitbürger hätte Cato vielleicht Erfolg gehabt, wäre ihm nicht ein Volkstribun namens Valerius entgegengetreten, der in einer geschliffenen Rede dem grimmigen Polterer die Schau stahl.

Valerius beschwor die Männer, sich doch großzügig gegenüber ihren Ehefrauen zu verhalten. Was hätten diese denn sonst schon vom Leben? Das bisschen Glitzerkram, an dem sie sich freuten, das sei ihre Welt. Männer aber könnten Karriere machen, Triumphe feiern, Siege erringen! Außerdem sei es geradezu widersinnig, dass jedermann seinem Gaul eine purpurne Satteldecke

Römische Frauen beim Friseur

auflegen dürfe, während ihm das Gesetz eine *Purpurstola* für seine Frau verbiete.

Als die Sonne unterging, leerte sich das Forum, und auch die Frauen, die bisher die Zugänge belagert und selbst dem Konsul nur widerwillig Platz gemacht hatten, zogen ab.

Fulvia hatte wenig Lust, sich die Vorwürfe ihres Piso anzuhören, und ging daher zu ihren Eltern, um dort zu schlafen.

Am folgenden Morgen stand sie mit den Hühnern auf, begab sich zu ihrer Freundin Licinia und traf dort auch andere Frauen.

»Machen wir weiter?«, fragte sie nach kurzem Gruß, und die anderen Frauen entgegneten lachend: »Selbstverständlich! Jetzt erst recht! Sie sind schon weich, unsere Herren Männer, da wäre es dumm, aufzugeben!«

Licinia hatte sich von ihrem Mann genau berichten lassen, was für Reden am Vortag gehalten worden waren, und schimpfte wie ein Rohrspatz über Cato, den »sturen Hammel«, wie sie sich

Stola
Aus einem Tuch geschnittenes, mit Gürtel gebundenes Übergewand der Römerinnen.
Numidien
Gebiet in Nordafrika, das 46 v.Chr. eine römische Provinz wurde.

Die Schmuckliebe der Römerinnen zeigt dieses spätantike Porträtbild

- *Stelle gegenüber: Wie begründet Cato die Beibehaltung des Gesetzes? Wie begründet Valerius seine Aufhebung?*
- *Sieh in deinem Geschichtsbuch nach: Wieso war es für die Frauen so wichtig, die Volkstribunen auf ihre Seite zu bringen?*
- *Was meinst du: War das Gesetz so wichtig, dass der Aufstand der Frauen berechtigt war?*

ausdrückte. Mindestens ebenso stur seien freilich zwei Volkstribunen aus der Familie der Iunii Bruti, die erklärten, sie würden durch ihr Veto die Abschaffung des oppischen Gesetzes verhindern.

»Denen werden wir's zeigen!«, verkündete Fulvia und holte tief Luft. »Wir stellen sie einfach unter Hausarrest! Wenn wir gleich losgehen, sind sie noch daheim, und dann werden sie belagert!«

Licinia nahm ihre acht Sänftenträger mit, kräftige, baumlange *Numidersklaven*, und auch einige der anderen Damen waren nicht ohne solche Begleitung gekommen. Auf dem Weg zum Haus der Tribunen schlossen sich dem Trupp noch hunderte von Frauen an, die eigentlich auf das Forum gehen wollten. Aber Fulvias Idee, die beiden Bruti festzusetzen, fand allgemeine Zustimmung.

Bald war das Grundstück der Bruti von allen Seiten abgeriegelt, und damit sie nicht etwa versuchten, über das Dach zu entkommen, hatte Licinia ihre Numider auf die benachbarten Häuser steigen lassen. Da standen sie nun dort oben und hielten Wache, während sich drunten auf Straßen und Plätzen immer mehr Frauen herandrängten.

Die Tribunen warteten Stunde um Stunde, ob sie der Konsul vielleicht aus ihrer misslichen Lage befreien würde, doch nichts geschah. Cato, der verbissene Kämpfer, schien angesichts der sich immer zahlreicher versammelnden Frauen aufzugeben.

Gegen Abend gaben auch die Tribunen nach: Sie schickten einen Sklaven mit einer Botschaft an den Senat, die dieser vorher den Frauen zeigen sollte. Darin stand, dass sie ihren Einspruch gegen eine Abschaffung des Gesetzes zurückzögen.

Der Siegesjubel der Frauen war ungeheuer, als sich die Nachricht verbreitete, doch es verging noch geraume Zeit, bis die Straßen um das Haus der verängstigten Bruti sich leerten.

Spät erst kam Fulvia zu Piso nach Hause: »Wir haben gewonnen!«, erklärte sie stolz, »Und ich war dabei!«

Auf die Verpackung kommt es an

Octavian (63 v.Chr. – 14. n.Chr.) war der Adoptivsohn Caesars. Nach der Ermordung Caesars (44 v.Chr.) entbrannte im Römischen Reich ein Bürgerkrieg, aus dem Octavian nach vierzehnjährigem Kampf als Sieger hervorging. Damit begann in Rom die Zeit der Augusti, die Kaiserzeit. Wie es Octavian gelang, die Römer für diese neue Staatsform zu gewinnen, versucht die folgende Geschichte zu erklären.

Caesar Octavianus Augustus

»Caesar, meine Liebe«, sagte Octavian und steckte den letzten Bissen in den Mund, »Caesar war, bei aller Verehrung, die ich für ihn empfinde, in mancher Beziehung ein ausgemachter Narr.«
»Was man von dir nicht behaupten kann«, ergänzte Livia lächelnd. »Schließlich hast du eine kluge Frau, die dich vor Dummheiten bewahrt.«
»Ganz richtig, meine Liebe«, Octavian nickte zustimmend. »Aber von dir einmal abgesehen – ich behaupte in aller Bescheidenheit, dass ich dem göttlichen Caesar eine wichtige Erkenntnis voraus habe.«
»Und die wäre?«, erkundigte sich Livia.
»Ganz einfach. Für meinen Erfolg ist wichtig, *was* ich tue. Für die Zufriedenheit der anderen aber ist wichtig, *wie* ich es tue. Das hat Caesar überhaupt nicht beachtet, und deshalb war er ein Narr.«
Erstaunt sah Livia ihren Mann an. Dieser nahm einen Schluck *Mulsum* und fuhr dann fort: »Caesar wollte die Macht, und er hat sie erkämpft mit Schlauheit, Mut, Entschlossenheit und Rücksichtslosigkeit. Aber nie hat er es fertig gebracht, seine Stellung so darzustellen, dass sie für die anderen erträglich blieb. Wie undiplomatisch hat er sich zum Alleinherrscher gemacht. Unmöglich! *Diktator* auf Lebenszeit, mit Lorbeerkranz, als ob er *Jupiter* selbst wäre! Da musste er sich den Hass der *Republikaner* zuziehen – und war von da ab in Lebensgefahr. Er war wirklich ein Narr!«
Livia schien nicht recht überzeugt. »Aber ist das nicht eine Folge der Macht?«, fragte sie. »Wenn einer ganz oben ist, was will er da noch verpacken?«
»Man kann alles verpacken. Erinnere dich; als ich Caesars Erbe antreten sollte, war das Wichtigste für mich, die Republikaner auszulöschen. Denn wie hätte ich sonst meine Herrschaft aufbauen können? Aber ich habe nicht etwa geschrien: »Tod den Republikanern!« Sonst hätte auch mich

Mulsum
Getränk aus Wein und Honig
Diktator
Alleinherrscher. Beamter, der in Notzeiten für sechs Monate unumschränkte Macht erhielt, um die Gefahr abzuwenden.
Jupiter
Himmels- und Wettergott der Römer
Republikaner
Anhänger der republikanischen Staatsform
Imperator
In Rom Ehrentitel für einen erfolgreichen Politiker
Agrippa
(64 – 12 v.Chr.) Politiker und Feldherr, Freund und später Schwiegersohn Octavians
Provinz
Von Rom erworbenes Gebiet außerhalb Italiens
Augustus
Zunächst ein Ehrentitel, später in Verbindung mit dem Kaisertitel (Caesar) gebraucht

jeder für einen Feind der Republik gehalten. Statt dessen lautete mein Ruf: »Rache für Caesar!« – Und jeder hat das freudig begrüßt: Jawohl, Rache für den feigen Mord an diesem verdienstvollen Mann!« Livia sah ihren Mann immer noch zweifelnd an. »Das alles war außerordentlich geschickt, und es gibt keine Frau in Rom, die auf ihren Mann stolzer wäre als ich. Aber jetzt bist du auf dem Gipfel der Macht, bist *Imperator* auf Lebenszeit, Konsul, hast missliebige Leute aus dem Senat entfernt – praktisch bist du Alleinherrscher, nicht anders als Caesar. Wie willst du das noch verhüllen?«

Octavian nickte. »Du hast Recht«, sagte er mit gespieltem Ernst. »Und ich sage dir voraus, was geschehen wird. Alle sind zufrieden, der Wohlstand steigt, den Bürgern geht es gut. Aber natürlich wird jemand kommen und schreien: »Octavian ist ein *Diktator*!« Immer mehr werden in sein Geschrei einstimmen, und irgendwann werden sie auch mir ein Messer in den Leib rennen, meine treuesten Freunde werden unter den Verschwörern sein ...«

»Hör auf, hör auf!« Livia war entsetzt. »Bei *Jupiter*, willst du ein solches Ende nehmen? Du machst mir Angst!«

Octavians Miene verzog sich zu einem breiten Lächeln. »Nein, meine sonst so kluge Frau. Ich bin nicht Caesar. Ich mache es anders! Warte nur ab!«

Vierzehn Tage später, am Vormittag eines kalten Januartages, versammelten sich die Senatoren. »Die Konsuln!«, schallte da eine laute Stimme durch den Saal. Die Senatoren nahmen eilig ihre Plätze ein, und es wurde ruhig.

Als Erster trat *Agrippa*, Octavians Freund und Mitkonsul ein. Er hatte für diesen Monat die Amtsgewalt inne, und Octavian legte großen Wert darauf, dass solche alten republikanischen Traditionen beachtet wurden.

Als Agrippa seinen Platz eingenommen hatte, folgte der Imperator. Er setzte sich gar nicht erst, sondern hob gleich die Hand zum Zeichen, dass er sprechen wolle: »Senat und Volk von Rom!«

Leise Unruhe entstand unter den Männern, denn der getragene und feierliche Ton in seiner Stimme machte allen klar, dass es nicht nur um die Eröffnung der Sitzung ging. Was mochte Octavian Wichtiges zu sagen haben?

»Senat und Volk von Rom!«, wiederholte der Imperator. »Die Zeit, da blutiger Bürgerkrieg in unserem geliebten Vaterland herrschte, ist vorbei. Die feigen Mörder des göttlichen Caesar sind gerichtet. Niemand wagt mehr die Macht Roms anzuzweifeln. Rom ist gesäubert von denen, die mit Raub und Mord Politik machten. Eurem Ver-

Rede im Senat (Rekonstruktionszeichnung)

trauen ist es zu danken, dass ich das Werkzeug sein durfte, mit dessen Hilfe Rom wieder das wurde, was es einmal war. Ja mehr noch, dass es heute in noch größerem Glanz erstrahlt!«
Octavians Stimme war lauter und lauter geworden, den letzten Satz schrie er in die Weite des Saales. Die Senatoren klatschten begeistert Beifall, aber Octavian bat mit einer Geste um Schweigen und fuhr ruhiger, fast kühl fort: »Senat und Volk von Rom! Unsere kühnen Vorfahren haben einst die Könige verjagt, damit Rom für alle Zeit eine Republik sei. In einer Republik aber darf es niemanden geben, der lebenslang Macht über die anderen hat.«
Allmählich sprach Octavian wieder lauter.
»Ich gebe euch also alle Vollmachten zurück, die ihr mir verliehen habt, damit ich für euch kämpfen konnte. Ich will nicht mehr Imperator sein, nicht mehr Herr über die wichtigsten *Provinzen*, keine besonderen Einkünfte und Befugnisse mehr haben. Ich will nur eins sein ...«
Octavian machte eine Pause, hob die Arme und steigerte seine Stimme zur größten Lautstärke: »Ich will nur eins sein, Senat und Volk von Rom: römischer Bürger, denn das ist das Großartigste, was man auf der Welt überhaupt sein kann!«
Einen Augenblick schienen die Senatoren wie erstarrt, dann brach ein unbeschreiblicher Jubel los. Die Männer schrien, klatschten, trampelten auf den Boden, gebärdeten sich wie wahnsinnig vor Begeisterung über diesen Mann, der so viel für Rom getan hatte und doch so bescheiden war.

- »*Auf die Verpackung kommt es an*«, – was meint Octavian mit diesem Ausspruch?
- *Gilt dieser Leitspruch auch heute noch? Finde Beispiele aus dem täglichen Leben!*
- *Informiere dich in deinem Geschichtsbuch über das Leben Octavians (Wie lange regierte Octavian? Wie starb er?). War er mit seiner Taktik erfolgreich?*

Nachdem sich der erste Tumult gelegt hatte, gab es plötzlich Zwischenrufe, zunächst nur einzelne, dann immer mehr:
»Wir brauchen dich, Octavian! Du musst deine Vollmachten behalten! Deine Stärke ist Roms Stärke!«
Und dann riefen immer mehr Senatoren seinen Namen, bis es wie ein Chor von vielen hundert Stimmen klang – aber nicht nur seinen Namen, sie fügten etwas hinzu: Octavianus *Augustus!* Octavian, der Erhabene!
Mit ernstem Gesicht saß Octavian in seinem Sessel. In Wahrheit aber war er äußerst vergnügt.
»Siehst du, Livia«, dachte er, »Caesar war doch wirklich ein Narr! Auf die Verpackung kommt es nämlich an!«

Triumphzug zur Zeit des Kaisers Augustus auf dem Forum Romanum. Rechts und links der Reiterstatue sind Triumphbögen zu erkennen.

Buntes Treiben in Roms engen Gassen

Rom war in der Kaiserzeit auf ungefähr eine Million Einwohner angewachsen. Hier, im Zentrum des Reiches, drängten sich nicht nur die vornehmen und reichen Senatoren, Kaufleute und Beamten, sondern auch kleinere Handwerker, Tagelöhner, arme Römer und Sklaven. An einem normalen Werktag sich in Rom umzusehen, konnte ein anstrengendes, aber auch interessantes Abenteuer sein.

Erschrocken fährt der arme Schriftsteller Lydus von seinem Strohsack auf der gemauerten Lagerstatt empor, denn wieder wird seine elende Behausung im fünften Stock eines Zinshauses durch einen vorüberrollenden Wagen erschüttert.
»Dieser schreckliche Verkehr! Diese Wucherer, die ihre Häuser aus so schlechtem Material und in so Schwindel erregende Höhe bauen lassen, um möglichst viel Gewinn aus ihnen zu ziehen! Was nützen alle kaiserlichen Verordnungen, die bestimmen, dass die Häuser nicht über 20 m hoch sein dürfen? Es geschieht ja trotzdem.«
Er lebt wie so viele in ständiger Angst, unter den Trümmern seines Hauses begraben zu werden oder in den Flammen umzukommen. Haben nicht in letzter Zeit schreckliche Brände in Rom gewütet, durch die ganze Stadtviertel vernichtet wurden?
Lydus stößt den Holzladen des Fensters auf. Wie armselig sieht es in der Stube aus! Die Wände sind rußig, überall gibt es Ungeziefer. Es fehlt fast jede Einrichtung, sogar ein Herd. Lydus erkennt, dass es Zeit ist, fortzugehen, um vornehmen Römern den üblichen Morgenbesuch abzustatten und den dafür festgesetzten Geldbetrag in Empfang zu nehmen. Wovon sollte er auch sonst leben?
Aus einem Laden im Erdgeschoß tönt ihm entsetzlicher Lärm entgegen. Wahrscheinlich hat der Geschäftsinhaber die Miete nicht bezahlt. Es ist ein öffentlicher Skandal, wie hoch die Mieten sind! Was hat sich denn heute hier ereignet? Der Hausbesitzer hat sich an dem Mieter so gerächt, dass er ihm die Leiter, die vom Laden zu dem darüberliegenden elenden Wohnraum führt, weggenommen hat. Da sitzt der arme Teufel nun in seinem Loch und kann nicht herunter. Aber Lydus darf keine Zeit verlieren. Rasch eilt er durch die schmalen Gassen mit den hohen Zinshäusern.
Der vornehme Römer Tiberius

Fabius wird durch den Lärm der vielen Sklaven geweckt, die bei Morgengrauen das Haus zu reinigen beginnen. Nun muss auch er aufstehen. Für die Morgentoilette benötigt er wenig Zeit, denn man legt zum Schlafen nur die *Toga* und die Sandalen ab. Da er ja am Nachmittag ein Bad nehmen will, taucht er nur Kopf und Hände rasch in kaltes Wasser und lässt sich von einem Sklaven die Toga anlegen.

Nachdem er im *Atrium* die *Klienten* begrüßt hat, empfängt er einige in seinem Arbeitszimmer. Auch Lydus kommt an die Reihe, richtet die üblichen Höflichkeitsfragen an seinen Herrn und überreicht ihm ein Gedicht. Gierig nimmt er das Geld entgegen. Seine Hoffnung, zu Tisch geladen zu werden, wird nicht erfüllt, doch wird ihm erlaubt, sich in der Küche Essen zu holen. Dann eilt er davon, um den nächsten Morgenbesuch zu machen. Ein Teil der Klienten aber wartet und begleitet bald darauf den vornehmen Römer, der sich von acht Sklaven in einer Sänfte zum Senator tragen lässt.

In den Straßen und Gassen der Weltstadt herrschen der Lärm der Werkstätten, das Rufen und Schreien der bunten Menschenmenge. Es ist schwer, in den engen und winkeligen Gassen vorwärts zu kommen.

Zu beiden Seiten der Gasse reiht sich Geschäft an Geschäft. Man kauft von der Straße aus. Mit Geschrei preisen die Händler ihre Waren an. In Schankbuden loben Wirte laut ihren Wein, und Bäcker bieten den Vorübergehenden ausgesuchte Leckerbissen zum Kauf an. An der Straßenecke führt ein Schlangenbändiger seltsame Kunststücke vor. In den gedeckten Gängen versuchen Bettler in klagendem Ton, die Aufmerksamkeit und das Mitleid der Vorübergehenden auf sich zu ziehen.

Friseure üben auf offener Straße ihren Beruf aus. Meist sind es

---

Toga
Obergewand der freien römischen Bürger, das aus Wolle bestand und mehr als drei Meter lang war.
Atrium
Mittelraum des Hauses mit großer Dachöffnung, in dem sich der Herd befand, später eine Art Garten.
Klienten
Arme römische Bürger, die bei Wahlen für den Politiker stimmten, der sie mit Lebensmitteln oder als Rechtsbeistand unterstützte.

Sklaven und Minderbemittelte, die das Wagnis auf sich nehmen, sich hier dem Rasiermesser auszusetzen. Für die Reichen und Vornehmen gibt es elegante Friseurläden, die ein beliebter Treffpunkt der Gesellschaft sind.
Ein Lehrer unterrichtet in einem offenen Laden und ärgert sich über seine Schüler.
Ein Baukran in der engen Gasse bedeutet eine große Gefahr für die Fußgänger. Nicht selten stürzt ein mächtiger Baumstamm zu Boden. Hinter den Fassaden haben die ärmeren Römerinnen vollauf mit dem Haushalt zu tun.

Die reichen und vornehmen Damen dagegen widmen sich stundenlang ihrer Körperpflege. Sie lassen sich von ihren Sklavinnen bedienen, die ihnen helfen, die feinen Gewänder aus den seltensten Stoffen anzulegen. Dazu darf der Schmuck nicht fehlen, viele goldene Armreifen, kostbare Ringe ...

Römische Straßenszene

- *Suche auf dem Bild die geschilderten Straßenszenen.*
- *Gib in Stichworten drei lustige Szenen wieder, die du zusätzlich auf den Bildern erkennen kannst.*
- *Spielt gemeinsam einige dieser Szenen nach und überlegt, welche Gegenstände ihr dazu braucht (z.B. ein Leinentuch als Toga, einige Waren, Münzen usw.).*

Anleitung zum Anlegen einer Toga

Das Hauptkleidungsstück der Römer war die Toga. Sie durfte nur von freien Bürgern getragen werden. Doch es war gar nicht so einfach, dieses aus über drei Meter Wollstoff bestehende Gewand anzulegen. Durch den Schriftsteller Quintilian ist uns überliefert, wie eine Toga richtig angelegt werden musste.

- Probiert selbst einmal eine Toga anzulegen!
- Findest du, dass eine Toga eine bequeme Kleidung ist? Wie bewegt man sich (wohl) in ihr?

Die Toga muss halbrund sein. Ihr vorderer Teil soll bis zu den Knien gehen. Der hintere Teil soll doppelt so tief geführt werden wie die Gürtellinie. Dann muss sie unter der rechten Schulter durch und schräg zur linken Schulter geführt werden. Das hintere Ende der Toga wird auf den Rücken umgeschlagen. Die Falten der Toga müssen ganz exakt geordnet sein. Die reichen Bürger hatten besonders ausgebildete Sklaven, die ihnen halfen, die Falten richtig zu legen.

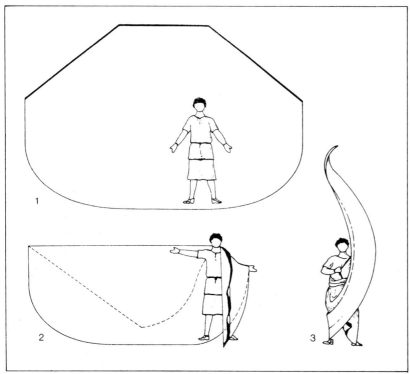

Menschen – Tiere – Sensationen

Claucus berichtet von seinem ersten Besuch im Kolosseum.

Zu meinem 16. Geburtstag schenkte mir mein Vater dieses Jahr eine besondere Überraschung. Zum ersten Mal durfte ich mit ihm in das Kolosseum, um die Gladiatorenkämpfe anzusehen. Er meinte, dass *Gladiatoren* für Roms Jugend gute Vorbilder wären. Aber mich interessieren technische Dinge mehr. Allein, wie das Kolosseum gebaut ist, interessierte mich sehr. Der Rundbau ist 50 Schritt hoch und fast 50 000 Zuschauer passen in diese Kampfarena. Das Kolosseum ist aber kein herkömmlicher Sportplatz, wo Athleten, Dressurreiter oder Turner ihr Können zeigen. Im Kolosseum finden einmal im Jahr die größten Gladiatorenkämpfe des Imperiums statt, die der Kaiser uns, dem römischen Volk schenkt. In den Kämpfen geht es, was ich vorher nicht glauben konnte, wirklich um Leben und Tod. Das Blut der Menschen und Tiere floss in Strömen, aber alle wollten das schaurige Spektakel sehen.

Als ich mit meinem Vater auf der Tribüne Platz nahm, waren die meisten Sitzreihen schon besetzt. Ein Fanfarenbläser eröffnete die Kämpfe. Das Volk rief dem Kaiser zu, der einen besonderen Platz unter einem purpurroten Zeltdach, das Sklaven trugen, hatte. Zuerst betraten die Schwertmänner die Kampfbahn. Einer war schwer gerüstet. Er trug einen mächtigen Helm, einen Brustpanzer und Beinschienen. In der linken Hand hielt er einen silbernen Schild, in der rechten ein kurzes, aber breites Schwert. Sein Gegner war nur mit einem Lendenschurz gegürtet. Statt schwerer Waffen

Gladiatorenkampf

Gladiatoren
Kämpfer, die bei öffentlichen Spielen gegeneinander oder gegen wilde Tiere antreten mussten.
res publica
Sache des Volkes; hier: der römische Staat

- *Betrachtet das Bild des Gladiatorenkampfes: Um welche Arten von Kämpfern handelt es sich?*
- *Wir können die Römer wegen solcher Vorführungen verurteilen, doch überlegt gemeinsam, ob sich nicht auch heute noch genügend Zuschauer für solche Vorführungen finden würden!*

führte dieser einen dreispitzigen Speer, den so genannten Dreizack, mit sich. In der anderen Hand hatte er ein feines Fischernetz und am Gürtel einen scharfen Dolch. Der Kaiser gab mit einem weißen Tuch den Start frei. Der Netzkämpfer sprang auf den Bewaffneten zu und versuchte, ihm das Netz über den Kopf zu werfen. Der Eisenmann riss aber geistesgegenwärtig seinen Schild hoch, sodass das Netz das Ziel verfehlte. Im gleichen Augenblick schnellte das Schwert des Gladiators vor. Nur um Haaresbreite zischte die Spitze am Hals des Netzkämpfers vorbei ins Leere. Fast hätte der Schwung des Hiebes den Eisenmann selbst zu Boden gezogen. Während er sich sammelte, erhob sich der Gegner wieder und schleuderte seinen Dreizack gegen die Eisenbrust des Gladiators, doch der Angriff blieb ohne Wirkung.

Dann traten sie auseinander. Wie ein Raubtier seine Beute umkreist, sie anspringt, zurückweicht, wieder angreift, so rannte nun der flinke Netzkämpfer um den schwerfälligen Gepanzerten. Plötzlich gelang es ihm, den Helm des Gegners von hinten in seinem Netz zu verwickeln. Er riss und zerrte, bis schließlich der Koloss zu Boden krachte. Mir wurde mulmig im Magen; denn ich spürte, dass der Kampf nun auf des Messers Schneide stand. Der Netzkämpfer zielte unbarmherzig mit seinem Dreizack auf den Hals des Gladiators, der nicht geschützt war. Kurz bevor er zustach, hob der Eisenmann seine rechte Hand und streckte den Zeigefinger nach oben. Das war das Zeichen der Aufgabe. Er bat um Gnade. Rings um mich tobten die Zuschauer und schrien: »Töte ihn! Töte ihn!« Sie wollten eine Fortführung des Kampfes. Der Kaiser aber schwenkte sein weißes Tuch. Das bedeutete, dass der Kampf beendet war, was ich völlig richtig fand. Was dann aber im Kolosseum ablief, gefiel mir überhaupt nicht. Sklaven ließen Löwen in die Arena, die einen Stier zu Tode bissen. Vor den Augen aller lief ein wüstes Gemetzel ab und der Sand färbte sich rot.

Noch grausamer war der Auftritt eines Verbrechers, dem man einen Bären zum Kampfe vorsetzte. Der Vierbeiner zermalmte den Verzweifelten. Ich war entsetzt mit welcher Brutalität gekämpft wurde. Das sind sonderbare Spiele der Erwachsenen! Ich jedenfalls kann seit einigen Wochen nicht mehr richtig schlafen. Gladiator sein ist kein gutes Vorbild für die jungen Römer. Da werde ich lieber Ingenieur für Straßen- und Wasserleitungsbau. Damit kann ich der *res publica* mehr dienen. Ob Vater das versteht?

Unser tägliches Latein

Auf einer *strata*, bedeckt mit *plastrum*, näherte sich ein germanischer Händler auf seinem *carrus* dem römischen Gutshof. Seine Ware hatte er sorgfältig verpackt in *cista*, *saccus* und *corbis*. Umgeben war der Gutshof von einer *murus* aus *caementum*. Durch die geöffnete *porta* gelangte er in den Innenhof. Jetzt stand er vor der *villa*, deren Dach aus roten *tegula* bestand. In der Villa gab es eine *camera*. Jedes Zimmer hatte ein großes *fenestra*. Im *cellarium* befand sich eine riesige *pressa*, mit deren Hilfe *vinum* und *mustrum* erzeugt wurden. Für seine Waren, die aus Fellen und Bernstein bestanden, erhielt der germanische Händler *oleum*, *vinum* und den guten *caseus*. Für einige Waren ließ er sich auch in römischer *moneta* bezahlen.

● *Setzt an Stelle der lateinischen die richtigen deutschen Wörter ein!*

So spielten die Kinder in Rom

Die römischen Kinder hatten nur einfaches Spielzeug. Sie spielten mit Nüssen, Steinen und Knochenstückchen, mit Spielgeräten also, die sie zu Hause und in der Natur vorfanden. Aber auch damit hatten sie ihren Spaß.

Nüssespiel
Jeder Spieler erhält zehn Nüsse. Ein Dreieck mit einer Grundlinie von zirka 1,5 m wird auf den Boden gezeichnet oder in die Erde geritzt. Es wird in zehn Streifen geteilt und beschriftet. Von seinen zehn Nüssen wirft jeder reihum eine Nuss und erhält aus dem »Topf« so viele Nüsse, wie seine Nuss Linien überquert hat (so viele also, wie das Feld laut Aufschrift zählt). Nüsse, die außerhalb des Dreiecks landen, zählen nicht und sind verloren. Gewonnen hat, wer als letzter noch Nüsse besitzt.

Die römischen Kinder besaßen auch angefertigtes Spielzeug: Rasseln, Puppen und kleine Wägelchen aus Ton kommen bei Ausgrabungen zutage. Jo-Jos, Reifen, Kreisel und Laufrädchen waren meistens aus Holz und sind daher nicht erhalten; wir kennen

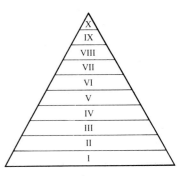

Würfelspieler in einer römischen Taverne
(Wandgemälde aus Pompeji)

Rechts: römische Würfel: Der beste Wurf hieß »Venus«, der schlechteste »Hund«.

sie nur aus den Abbildungen, wie sie sich zum Beispiel auf den Grabsteinen von Kindergräbern befinden.
Die römischen Jungen sind eher bei sportlichen Spielen und Wettkämpfen dargestellt: Huckepack, Teufel an der Kette, Ringkampf. Für die Mädchen kamen offenbar nur die ruhigeren Spiele in Frage: ein Geschicklichkeitsspiel mit kleinen Schafsknochen, das Ballprellen gegen die Wände und natürlich das Spiel mit den Puppen.

Brettspiele
Obwohl die hölzernen Spielbretter nicht erhalten sind, kennen wir viele Spielfelder. Sie sind nämlich auf dem Pflaster römischer Plätze und auf den Stufen großer Gebäude eingeritzt und so erhalten geblieben. Die Spielsteine bestanden aus Knochenscheiben oder Glas; bei allen Ausgrabungen werden sie in großer Zahl gefunden.
Das Brettspiel, das die beiden Männer auf dem Bild spielen, ist wahrscheinlich ein Vorläufer des Backgammon.

- *Versucht doch einmal, das Nüssespiel auf dem Schulhof nachzuspielen.*

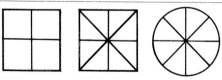

Kleine Mühle
Jeder der beiden Spieler hat drei Spielsteine. Zunächst wird abwechselnd gesetzt, dann gezogen, bis ein Spieler eine Mühle erreicht, d.h. seine drei Steine in einer Linie (beim runden Spielfeld nur durch die Mitte!) liegen.

Vögel fielen tot aus der Luft

Die römischen Siedlungen, die am Fuße des Vesuvs lagen, wurden immer wieder von diesem Vulkan bedroht. Erst im Jahre 63 n. Chr. hatte er Teile der Stadt Pompeji zerstört. Der Wiederaufbau war noch nicht vollendet, als Mitte August des Jahres 79 leichte Erdstöße wahrgenommen wurden. Dann schien sich der Vesuv wieder beruhigt zu haben.

24. August 79 n. Chr.: In den frühen Morgenstunden wölbte sich ein strahlender Himmel über Pompeji und Herkulaneum. In den Backstuben holten die Bäcker das frische Brot aus den Öfen, in vielen Häusern saßen die Bewohner schon beim Frühstück, während draußen auf den Straßen die Händler ihre Waren feilboten. Es war ein Tag voll Geschäftigkeit: ein Tag wie jeder andere. Niemand in Pompeji und Herkulaneum ahnte, dass schon im nächsten Augenblick seine Welt untergehen sollte!

Die Katastrophe brach völlig überraschend herein. Mit einer ohrenbetäubenden Explosion spaltete sich der Gipfel des Vesuvs, dicke Rauchpilze schossen in den Himmel, und unter ständigem Tosen, Donnern und Blitzen wurden Steine und Asche aus dem Vulkan emporgeschleudert. Die Erde wankte und bebte, Tempelsäulen wurden geknickt wie Streichhölzer, schwere Mauern stürzten ein, und ganze Gebäude brachen zusammen wie Kartenhäuser. Noch während das furchtbare Bersten des Berges die Menschen vor Angst und Schrecken erstarren ließ, prasselte auch schon ein verheerender Regen von Erdbrocken, riesigen Steinen und feiner, federleichter Asche auf Pompeji herab. Vögel fielen tot aus der Luft, der Himmel war plötzlich nachtschwarz, und das Meer überflutete mit wuchtigen Wogen die Straßen.

Die Menschen wurden von Panik gepackt. In ihren Häusern und Kellern suchten sie Schutz vor dem *Bimssteinregen*. Aber wohin sie sich auch verkrochen, die

Diese römische Prunkvilla in Oplontis wurde im 1. Jh. v. Chr. erbaut und im Jahre 79 n. Chr. beim Ausbruch des Vesuvs verschüttet.

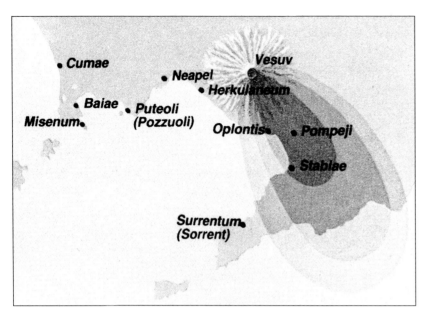

Bimsstein
Leichtes, schwammartiges Gestein aus Vulkanen
Lava
Geschmolzenes Gestein aus dem Erdinnern, bis zu 1300 Grad heiß

Schwefeldämpfe, die aus dem Vulkan strömten und sich rasch über Pompeji ausbreiteten, drangen durch alle Fugen und Ritzen und brachten Verderben und Tod für Mensch und Tier. Dem Ersticken nahe stürzten sie wieder ins Freie hinaus und versuchten aus der Stadt zu fliehen. Aber auch dort atmeten sie die giftigen Schwaden ein, und außerdem waren sie dem tödlichen Steinregen schutzlos preisgegeben. Also flüchteten sie wieder in ihre Häuser, deren Dächer unter der gewaltigen Last der vulkanischen Gesteinsmassen einstürzten und die verschreckten Bewohner unter sich begruben.

Innerhalb weniger Stunden hatte der Stein- und Aschenregen Pompeji vollkommen verschüttet. Anders war es dagegen in der Stadt Herkulaneum, die nur vier Kilometer unterhalb des Vesuvgipfels lag: Aus dem feuerspeienden Krater brodelte eine wuchtige Schlammlawine aus Steinbrocken, Bimssteinen und *Lava*, durchtränkt vom strömenden Regen, schob sie sich wie eine Riesenwand den Berg hinunter auf die Stadt zu und begrub sie unter sich. Stellenweise bis zu 15 Meter hoch wälzten sich die Lawinenmassen über die Häuser. Bald erstarrte der heiße Schlamm zu hartem Gestein. So entstand eine neue Küste, die rund 200 Meter ins Meer ragte.

Nach 48 Stunden war der Spuk vorüber, nur eine dünne Rauchsäule stieg noch aus dem Krater in den jetzt wieder blauen Himmel. Pompeji, Herkulaneum und noch andere Orte gab es nicht mehr, die Landschaft im Umkreis von 18 Kilometern war zerstört.

Die verschütteten Städte waren bald vergessen. Jahrhunderte vergingen, Winzer legten auf dem fruchtbaren Vulkanboden neue Weinberge an und stießen dabei hin und wieder auf Ruinen, aber sie dachten sich nichts dabei.

Erst im 18. Jahrhundert entdeckte man, was sich unter dem Boden befand. Vieles ist seither freigelegt worden, aber immer noch liegt ein Teil der Städte unter Schutt und Asche verborgen. Betrachten wir heute die Funde,

meinen wir mit der Zeitmaschine ins Jahr 79 zurückgekehrt zu sein. In einem Zimmer hatte der Tod sieben Kinder überrascht, als sie dort spielten. Zwei Sklaven, die mit Fesseln angekettet waren, hatten überhaupt keine Möglichkeit zur Flucht. Man fand Mütter, die ihre Kinder im Arm hielten und mit einem Stück ihres Schleiers zu schützen suchten. Vergebens! Sie erstickten beide.
Unter einer Zimmerdecke lag ein Hund, ebenfalls angekettet. Welche Qualen muss er erduldet haben, als durch Fenster und Türen der Aschenregen hereinwehte, und das Tier auf diesem Schutt immer höher und höher kletterte, bis die Kette straff gespannt war und es erdrosselte.
Ein hünenhafter Mann hatte eine Mutter mit ihrer vierzehnjährigen Tochter, die beide mit ihm flüchteten, nicht mehr vor dem Unheil schützen können. Sie waren zusammen niedergesunken, von den Schwefeldämpfen betäubt, und dann erstickt.
In einer Bäckerei fand man noch 81 gut erhaltene, wenn auch verkohlte, steinharte Brote.
Der Platz vor dem Tor des Herkules war mit Toten übersät. Das Schicksal hatte sie dort ereilt, als sie mit ihrem Hausrat der untergehenden Stadt entfliehen wollten.
Woher wissen wir das alles so genau?
Die zunächst feuchte, dann aber erstarrte Asche bewahrte die Abdrücke der elend zugrunde gegangenen Menschen und Tiere, obwohl die Körper verwesten und nur das Gerippe übrigblieb. In diese ursprüngliche Form des Lebewesens – oder auch eines zerfallenen Gegenstandes – konnte man nach der Ausgrabung Gips eingießen. So können wir heute noch das Grauen und Entsetzen in den Gesichtern der von der furchtbaren Katastrophe überraschten Menschen erkennen.
Ungefähr 2 000 Menschen fanden in Pompeji den Tod. Allein in der Gladiatorenkaserne vor dem Theater von Pompeji hatte der Vesuvausbruch 62 Männer und eine Frau überrascht. Dazu kamen noch viele, die außerhalb der Stadt vom Steinregen erschlagen wurden.
In Herkulaneum dagegen hat man bisher nur 30 Skelette gefunden: Die Bewohner waren rechtzeitig geflohen.

Der Abguss des Hundes des Primus, dessen Kopf im Todeskampf durch die Kette, an der er angebunden war, heruntergezogen wurde.

- *Pompeji ist eine Fundgrube für Archäologen, wie sonst keine andere antike Stadt. Erkläre, warum das so ist.*

Rebellion der Rechtlosen

Nicht immer ergaben sich die Sklaven in Italien widerstandslos ihrem Schicksal. Seit dem zweiten Jahrhundert vor Christus kam es immer wieder zu Sklavenaufständen, die jedoch oft blutig niedergeschlagen wurden. Im Jahre 73 v. Chr. gelang es dem ehemaligen Gladiatoren Spartacus, rebellierende Sklaven zu einem disziplinierten Heer zusammenzuschließen, das den gut ausgebildeten römischen Soldaten ziemlich zu schaffen machte.

Das Gegröle wird Lixus zu laut. »Ihr meint wohl, jetzt seid ihr die Herren Roms«, brummt er in seinen blonden Bart seinen beiden Kampfgefährten Annus und Mixtus zu.
»Komm, Lixus, sei kein Spielverderber«, lallt Mixtus. »Wir haben heute zwei *Legionen* aufgerieben!«
»Sauft euch nur voll«, höhnt Lixus. »Glaubt ihr denn, die Römer sind dumm? Sie werden uns bald frische Legionen auf den Hals schicken.«
»Und wenn schon«, schaltet sich Annus wieder ein, »bisher haben wir sie alle geschlagen!«
»Mag sein, Annus«, erwidert Lixus. »Ich setz' mich jedenfalls nach Norden ab, ins Land meiner Väter. Ich will nicht nochmal Sklave der verfluchten Römer werden!«
»Sollen wir jetzt abhauen, wo uns ganz Italia vom Süden bis hier herauf nach Modena zu Füßen liegt?«

»Was ist«, fährt Annus dazwischen, »wenn jeder so denkt wie du? Dann ziehen die Thraker in ihre Heimat, die Gallier, die Nordgermanen in die ihre und wer weiß wer noch. Und wir, die wir aus Italien kommen, stehen allein da! Glaubst du, Spartacus hat den Aufstand angezettelt, damit wir uns jetzt feige, einer nach dem anderen, aus dem Staub machen?«
»Was heißt denn hier feige?«, antwortet Lixus zornig. »Ich war von Anfang an dabei. Frag Spartacus! Ich war dabei, wie wir in Capua aus der Gladiatorenschule ausbrachen – siebzig Sklaven, und wir waren schlecht bewaffnet. Ich war dabei, wie wir am Vesuv Gajus Claudius Glaber besiegten. Ich war dabei, wie wir die Legionen des Publius Varinius in eine Falle tappen ließen und dann vernichteten. Als es Winter wurde, waren wir 50000 Mann – ein Heer von ehemaligen Sklaven, die endlich ihr Schicksal in die

Legion
Heeresabteilung von zirka 6 000 Mann

eigene Hand genommen und ihre so genannten Herren zum Teufel gejagt hatten. Aber schon damals hatte der Anführer meiner Landsleute, Krixus, die Rückkehr in unsere Heimat gefordert!«
»Krixus musste ja auch dafür büßen«, meckert Annus zurück.
»Nennst du es etwa Feigheit«, schreit Lixus in höchster Empörung, »wenn 10 000 von uns, unter ihnen Krixus, bei der Schlacht am Berg Garganus fielen? Krixus zog mehrere Legionen auf sich, während Spartacus mit euch nach Norden ziehen konnte.«
»Meinst du, für uns war dieser Marsch ein Ausflug?«, erbost sich Annus. »Wir haben zwei Konsuln mit ihren Legionen im Gebirge geschlagen und dennoch Rom nicht belagert.« Annus spült seine Enttäuschung mit einem Becher Wein hinunter.
»Wir hätten gleich in Rom einmarschieren sollen!«, meint Mixtus.
»Das erledigen wir eben jetzt«, prahlt Annus. »Auch wenn du, Lixus, und ein paar von euch Galliern uns im Stich lassen.«
»Du verstehst überhaupt nichts, Annus«, entgegnet Lixus in ruhigem Ton. »Spartacus will nicht Rom erobern. Er wird wieder an der Stadt vorbeiziehen, wenn ihr jetzt wieder Richtung Süden marschiert. Er will alle Sklaven der Römer befreien und jedem die Rückkehr in seine Heimat ermöglichen.«

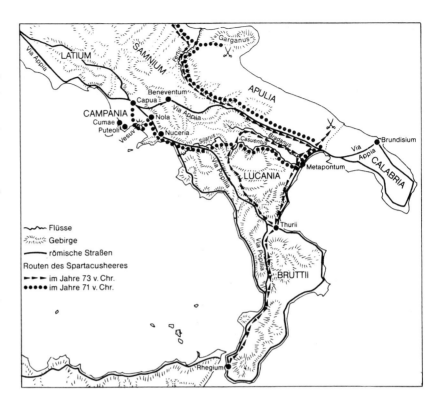

»Das wollte er vielleicht einmal, du gallischer Klugschwätzer«, widerspricht Annus. »Aber jetzt, wo uns Italien zu Füßen liegt, da wären wir schön blöd, wenn wir nicht zugriffen!«
»Du kennst Spartacus nicht«, wendet Lixus ruhig ein. »Du wirst sehen, dass ich Recht hatte.«
Am nächsten Tag schloss sich Mixtus seinem Landsmann Lixus an und marschierte mit ihm nach Norden – zurück in die gallische Heimat.
Annus blieb beim Heer der aufständischen Sklaven. Tatsächlich zog diese Streitmacht auf Befehl

Süditalien: die Routen des Sklavenheeres

- Schildere mit Hilfe der Karte den Ablauf des Aufstandes.
- Warum wohl bestrafte Crassus die Gefangengenommenen auf diese brutale Weise?
- Mixtus und Lixus treffen eine andere Entscheidung als Annus. Welche Entscheidung war deiner Ansicht nach die klügere?

des Spartacus an Rom vorbei nach Süden und richtete an der Spitze des italienischen Stiefels das Winterlager ein.

Crassus, als Feldherr gegen das Sklavenheer eingesetzt, ließ quer über die nur 53 Kilometer breite Engstelle der Stiefelspitze einen Graben ausheben, um die Rebellen einzuschnüren. Spartacus konnte Anfang des Jahres 71 v. Chr. mit seinem Heer zwar aus dieser Falle entkommen; doch Crassus stellte die Sklaven in der Nähe von Brindisi zur Entscheidungsschlacht, in der Spartacus mit dem Großteil seiner Männer tapfer kämpfend unterging. Die 6 000 Gefangenen ließ Crassus entlang der Via Appia zwischen Capua, wo der Aufstand begonnen hatte, und Rom kreuzigen. Alle zweihundert Meter stand ein Kreuz.

Die Via Appia

Nur das Beste vom Besten

Die Versorgung der Bewohner Roms war ein schwieriges Geschäft. Eine Million Menschen mussten mit Lebensmitteln und mit anderen Waren beliefert werden. Dabei hatten Arme und Reiche ganz verschiedene Bedürfnisse. Hippios, ein griechischer Sklave, sieht sich auf dem Trajansmarkt um, der im 2. Jh. n. Chr. einer der Mittelpunkte des römischen Wirtschaftslebens war.

Eilig, doch nicht ohne Würde strebt Hippios dem Marktviertel zu. Es ist noch früh am Morgen, und die Luft ist angenehm frisch. Schon in wenigen Stunden würde die Sonne die Stadt in glühende Hitze tauchen. Bis dahin wollte Hippios seine Besorgungen unbedingt erledigt haben.

Als griechischer Sklave ist er seinen Besitzern einfach unersetzlich geworden. Er steht seinem Herrn bei allen Geschäften zur Seite, behält die Klientel im Auge, unterrichtet die Kinder des Hauses, massiert und richtet mit geübten Händen die Wirbel seiner Herrin ein und begleitet sie regelmäßig auf Gastmahle.

Für ein Gastmahl sind auch seine heutigen Besorgungen bestimmt. Die Herrin will durch ein gelungenes Fest Eindruck machen. Deshalb ist die Einkaufsliste lang! Hippios überquert die *Kaiserforen*. Die prunkvollen Tempel und Paläste beeindrucken ihn nicht mehr – in letzter Zeit leidet er immer öfter an Heimweh: Athen – ob er es jemals wiedersieht? Was sind diese Prunkbauten gegen die stille Erhabenheit der *Akropolis*? Wo findet sich in diesem Land die schlichte Einheit von Landschaft, Meer, Licht und Architektur? Überall nur lärmende, geschäftstüchtige Römer!

Trotz des sehr frühen Morgens herrscht reger Betrieb. *Sänften* bestimmen das Bild: Um diese Zeit sind sie von wohlhabenden

Kaiserforen
Kleinere Marktplätze, die von Kaisern in unmittelbarer Nähe des großen römischen Marktplatzes angelegt wurden.

Akropolis
Burgartiger Mittelpunkt griechischer Städte. Gemeint ist hier die Akropolis von Athen, auf der sich vor allem Tempel befinden.

Sänfte
Von Menschen oder Tieren getragenes Gestell, auf oder in dem Personen befördert werden.

Ein Gemüsehändler ruft hinter dem Verkaufsgerüst die Preise seiner Waren aus. Kohlrüben, Kohl, Knoblauch, Lauch und Zwiebeln sind deutlich zu unterscheiden. Relief aus Ostia aus dem 2. bis 3. Jh. n. Chr.

Ein Fleischhauer zerlegt einen Schweinskopf. Hinter ihm am Fleischerhaken hängen noch ein Schweinskopf, ein Schinken, ein Schweinebauch, eine Speckseite und eine Lunge. »Marcio ist immer betrunken«, lautet die nicht eben respektvolle Inschrift.

Trajan
Von 98 bis 117 n. Chr. römischer Kaiser
Hadrian
Von 117 bis 138 n. Chr. römischer Kaiser

Römern besetzt, die ihren Geschäften nachgehen. Ihre Klienten umschwirren sie wie ein Schwarm eifriger Bienen. Ein Teil eilt wichtigtuerisch voraus, um Platz für die Sänfte zu schaffen. Andere traben hinterher und preisen laut ihre Wohltäter. Auch sind Sänften zu sehen, die Vorhänge haben: Anständige Frauen lassen sich nur auf diese Weise tragen.

Hippios erreicht endlich den *Trajansmarkt*. Viele Händler sind dabei, ihre Waren zurecht zu legen. Andere warten noch ungeduldig auf die Anlieferung ihrer Waren von den Großmärkten.

Diese Großmärkte liegen am Tiber, wo einst die ersten Flusshafenanlagen der Stadt gebaut worden waren. Hippios weiß, dass die Waren Rom auf kleinen Booten erreichen, die den Fluss von Ostia, Roms Seehafen, heraufkommen. Für die großen Schiffe aus aller Herren Länder ist der Tiber nicht befahrbar.

Hippios überlegt sich, ob er nicht lieber doch zum Tiber hätte hinuntergehen sollen. Die großen Gemüse- und Fleischmärkte befinden sich dort, und auch sonst ist alles zu bekommen, was das Herz begehrt. Als er aber die ausgestellten Waren betrachtet, bemerkt er bald, dass die Händler eine gute Vorauswahl getroffen haben. Sie werden nicht müde, ihm ihre Waren anzupreisen. Nur das Schönste vom Schönen und das Beste vom Besten kann Hippios zufrieden stellen. Er kennt den Geschmack seiner Herrin, und schließlich kann sie es sich leisten, ein Vermögen für einen einzigen Abend zu verschleudern! Hauptsache, das Fest wird erfolgreich und zum Tagesgespräch in Rom.

Deshalb richtet Hippios seine Aufmerksamkeit zunächst auf die Luxuswaren aus dem fernen Osten: Er muss ein Lampenöl mit ganz besonderer Duftnote auftreiben, von dem die Gäste noch wochenlang schwärmen werden. Das Gleiche gilt für die Essenzen, die dem Wasser in den Handschalen beigefügt werden sollen.

Aha, hier hat er das Richtige gefunden! Aber der Preis ist natürlich selbst für eine solche Kostbarkeit viel zu hoch. Hippios lässt sich auf zähe Verhandlungen ein, denn der Händler weiß, wen er vor sich hat. Am Ende bekommt er noch die heiß begehrte Rosensalbe für die zarte Haut seiner Herrin und ein besonderes Haarpuder als Draufgabe.

Zufrieden wendet sich Hippios einem der nächsten Verkaufsstände zu. Er kauft eine größere Menge an Süßigkeiten aus dem fernen Arabien und persischen Nugat. Genüsslich lässt Hippios die Probestücke auf der Zunge zergehen.

Zwei Haussklaven, die ihm folgen, werden nach und nach mit Päckchen und Paketen beladen. Nun ist der Weinhändler an der Reihe. Wein wird nicht gekauft: Der Tafelwein wird direkt von den Weinbergen seines Herrn geliefert. Seltene und ungewöhnliche Liköre sind es, nach denen Hippios Ausschau hält. Die Gaumen der Gäste sind verwöhnt!

Die Kostproben steigen Hippios schnell zu Kopf. Trotzdem lässt er sich nicht übervorteilen – und gibt nicht nach, bis der Kaufmann ihm noch einen Schlauch mit griechischem Wein überlässt.

Beschwingt macht sich Hippios nun auf den Weg ans andere Ende des Marktes, wo ein bekannter Stoffhändler seine Waren anbietet. Dabei lässt er sich von dem Gewimmel, dem Geschrei, den Gerüchen und bunten Farben des Marktes verzaubern.

An einem Bäckerstand prüft gerade ein Marktaufseher Qualität und Preis der Brote. Die Versorgung der ärmeren Bevölkerung Roms mit Brot ist eine der wichtigsten Aufgaben der Stadt. Riesige Mengen Getreide kommen tagtäglich in Rom an, und dieses Getreide muss von den Bäckern zu Brot verarbeitet werden. Dafür sind genaue Abkommen zwischen den Bäckern und der Stadt geschlossen worden. Außerdem muss für Ordnung auf dem Markt gesorgt werden.

Eine Geflügelhändlerin bietet ihre Ware an.

Schließlich ist es für jeden Händler eine besondere Auszeichnung, auf dem Trajansmarkt einen Verkaufsstand zu erhalten!

Trotzdem möchte Hippios nicht mit ihnen tauschen: Als geschätzter Sklave führt er ein weit angenehmeres Leben als der größte

Rekonstruktion von Roms größtem Marktplatz: Forum Romanum

- *Stellt euch vor, ihr seid Hippios' Herrin: Schreibt ihm auf, was er für das Fest auf dem Markt zu besorgen hat.*
- *Schaut euch die Bilder an und entwerft ein Verkaufsgespräch zwischen Hippios und dem Fleischhauer, dem Gemüse- oder Geflügelhändler.*

Kaiser Trajan

Teil der Einwohner Roms. Auch weiß er nur zu gut, dass Rom nicht allein vom Luxus der Reichen beherrscht wird, sondern eher von der täglichen Trübsal der Armen, die in feuchten Mietwohnungen frieren und sich ihren kümmerlichen Lebensunterhalt durch den Verkauf von Krimskrams oder durch andere mühsame Arbeit verdienen.

Kaiser *Hadrian* hat, um die Massen bei Laune zu halten, Geldgeschenke an das Volk verteilen lassen und sorgt stets für Lustbarkeiten aller Art. Trotzdem wird Hippios das Gefühl nicht los, dass die Kluft zwischen Arm und Reich immer größer wird. Man braucht sich nur umzusehen.

Endlich ist Hippios beim Stoffhändler angekommen und reißt sich zusammen. In letzter Zeit ist er häufig etwas abwesend. Ist das auch das Heimweh? Dabei sollte er sich eigentlich für die schillernde chinesische Seide begeistern, die der Kaufmann fast ehrfürchtig vor ihm ausbreitet.

Ja, das wäre das Richtige! Über das Handeln und Feilschen findet Hippios zu seiner gewohnten Form zurück.

Kaiser Hadrian

Kein Schwitzbad ohne Holz!

Für die Bevölkerung wurden in fast allen römischen Städten große Badeanlagen (Thermen) errichtet. Nicht nur von den armen Leuten, deren Wohnungen kein eigenes Bad hatten, wurden sie häufig und gerne besucht. Auch die reicheren Bürger kamen hierher. Die Thermen verschlangen riesige Mengen von Holz. Woher kam der Nachschub?

»Eine Kälte ist das heute wieder! Und dabei haben wir schon Anfang März!« Titus Mettius rieb sich fröstelnd die Hände, während er mit seinem Freund Lucius Spurinna das Forumsbad in Pompeji betrat. »Ich freu' mich jetzt auf ein Schwitzbad!«, sagte Mettius, wurde aber gleich bitter enttäuscht, denn der Sklave, der das Eintrittsgeld kassierte, sagte barsch: »Das Laconicum (Schwitzbad) ist überfüllt, da passt keiner mehr 'rein. Geht einstweilen ins Tepidarium (Warmbad) und wärmt euch dort auf!«
Missmutig entkleideten sich die beiden Freunde und schlugen den Weg zum lauwarmen Bad ein. Das über zwei Meter lange, bronzene Kohlenbecken, das den Raum beheizen sollte, war von Leuten dicht belagert.
»Ich kann mich erinnern, dass es hier schon 'mal gemütlicher war!«, knurrte Spurinna und blickte auf die dünne Schicht Holzkohle im Becken. »Und dafür nehmen die noch Eintrittsgeld!«, ergänzte Mettius.

»Schaut euch nur die Kohlen an!«, rief einer der Badegäste, den seine Hautfarbe als Afrikaner auswies. »Ganz miese Qualität, weiches Holz – das gibt keine rechte Glut und keine Wärme. Und dann knausern sie noch mit dem Zeug.« Der Afrikaner schwieg verbittert, und ein rothaariger Bursche, vielleicht ein *Kelte*, griff den Faden des Gesprächs auf: »Es ist wahr, die Kohlen werden mit jedem Tag schlechter und teurer dazu. Ich muss das wissen, ich habe bis vor ein paar Jahren bei einem *Köhler* in den *Sabinerbergen* gearbeitet. Der ist jetzt nach Norden gezogen, wo es noch richtige Bäume gibt. Hier ist ja nichts mehr los, und wenn ihr einmal euren Kindern vom schönen, grünen Wald erzählt, dann werden sie euch fragen: Was ist das, Wald?«
»Man sollte eben ...«, begann Mettius, doch der Kelte fuhr ihm grob über den Mund: »Jetzt rede ich, und du kommst dran, wenn ich fertig bin. Also hier in Italien, da frisst der Mensch den Wald

Kelten
Indogermanisches Volk, das seit dem 7. Jh.v.Chr. in Gallien lebte.
Köhler
Handwerker, der trockenes Holz aufschichtet, mit Reisig und Erde bedeckt, anzündet und auf diese Weise Holzkohle gewinnt.
Sabina
Landschaft nordöstlich von Rom
Gallien
Gebiet, welches das heutige Frankreich und Belgien umfasste.
Daker
Volk, das auf dem Gebiet des heutigen Rumänien lebte. Kaiser Trajan besiegte die Daker 106 n. Chr. und machte Dakien zu einer Provinz.
Parther
Volk an der Ostgrenze, mit dem das Römische Reich viele Kriege führte.

Rekonstruktion einer Thermenhalle

Seefahrt, keine Landwirtschaft. Habt ihr euch das schon einmal überlegt?«

Der Kelte hatte sich warmgeredet, seine Stimme dröhnte: »Wenn ihr auch nur ein bisschen Grips hättet, dann würdet ihr sparsamer mit dem Holz umgehen! Aber ihr hackt alles ab, was da wächst, verwandelt es in Kohle oder Teer – oder verheizt es einfach so in den Riesenöfen, mit denen ihr ganze Häuser und die Riesensäle eurer Thermen erwärmt. Wald auf Wald schiebt ihr in die Rachen dieser Öfen, bis es keinen Wald mehr gibt! Da, wo ich herkomme, in *Gallien*, da gibt es noch Wälder. Da stehen Eichen, so dick, dass zehn Männer ihre Stämme nicht umspannen können.«

»Ist ja ausgezeichnet!«, schrie Spurinna, den der Wein mutig gemacht hatte. »Dann wissen wir ja ...«

Aber der Kelte versetzte ihm mit seiner Hand einen Schlag vor die Brust, dass er nach Luft schnappte: »Das könnte euch so passen! Unsere Wälder! Unsere Eichen! Die Eichen sind bei uns heilig!« Nach diesen Worten ging er weg, ohne sich noch einmal umzusehen.

Als Spurinna sich von seinem Schrecken erholt hatte, begab er sich mit Mettius ins Schwitzbad. Mit viel Glück ergatterten sie beide noch einen Schemel, und

auf! Ist ja auch kein Wunder, Holz braucht man für Häuser und für Schiffe, für Wagen und für Pflüge, für Löffel und für Teller, für Bogen und für Schilde, ja, ohne Holz gäb's keinen Krieg, keine

während sie die Wärme genossen, meinte Mettius: »Ganz so dumm war das nicht, was der Gallier gesagt hat: Unsere Schiffswerften und unsere Thermen fressen die Wälder auf! Man sollte nicht zusehen, wie sie verschwinden, sondern Bäume pflanzen, jawohl, Bäume!«

»Was du für Einfälle hast!«, lachte Spurinna und klatschte sich auf die nackten Schenkel! Wo hatte man je so etwas gehört! »Einen Wald anpflanzen! Wälder wachsen von selbst, das ist schon immer so, und wenn sie hier mit dem Wachsen nicht mehr nachkommen, dann müssen wir uns eben anderswo umschauen. Unsere Köhler können auch in Gallien arbeiten, und Kohle lässt sich leichter transportieren als Holz!«

»Und wenn wir Gallien abgeholzt haben?«, fragte Mettius.

»Überleg' dir einmal, warum der Feldherr Agricola für den Kaiser Britannien erobert hat!«, fiel sein Freund ihm ins Wort. »Doch bestimmt nicht wegen der paar Wilden dort, damit die Latein lernen! Nein, in Britannien gibt es Zinn und Holz, viel Holz. Das bedeutet Arbeit für viele britannische Sklaven und Kohle für unsere Schmiede und Erzgießer, für unsere Herde und Kohlebecken!«

»Wenn wir aber mit Britannien fertig sind?«, bohrte Mettius weiter.

»Die Welt ist groß, und Holz wächst überall, bei den Germanen, den *Dakern*, *Parthern* – wir müssen es uns nur holen, dann haben wir für alle Ewigkeit genug für unsere Thermen.«

»Der Gallier«, dachte Mettius laut, »der Gallier hat gesagt, ohne Holz kein Krieg. Das kann man auch 'rumdrehen: Ohne Krieg kein Holz! Sollten wir da nicht doch lieber Bäume pflanzen?«

Verstepptes Gebiet in Spanien

- *Zähle auf, wofür die Römer Holz brauchten und erkläre, auf welche Weise sie es sich beschafften.*
- *Wofür benötigen wir heute Holz? Woher stammt das Holz, das wir brauchen?*
- *Was hältst du von Mettius' Vorschlag, neue Wälder anzupflanzen?*

Steine statt Teppich

Reiche Römer wohnten in Villen außerhalb der Stadt, die prunkvoll ausgestattet und eingerichtet waren. Darin gab es Wandbilder, Teppiche, Möbel aus kostbarem Holz und vor allem Mosaikfußböden. Ein Mosaik besteht aus vielen Tausenden kleiner flacher Steinchen, die kunstvoll zu einem Bild zusammengefügt sind.

Hier siehst du einen Ausschnitt aus dem berühmten Dionysosmosaik. Bei Ausgrabungsarbeiten wurde es 1941 in der Nähe des Kölner Doms gefunden. Als es um 200 n. Chr. entstand, schmückte es die Villa eines reichen römischen Kaufmanns. In seinem Mittelpunkt steht der griechische Weingott Dionysos. Ein Zeichen dafür, dass in der Villa wohl rauschende Feste gefeiert wurden.

- Male das Bild farbig aus (1 = schwarz, 2 = türkis, 3 = dunkelrot, 4 = hellrot, 5 = ocker, 6 = dunkelgrün, 7 = hellgrün, 8 = rosa) dann kannst du einen Ausschnitt aus dem berühmten Dionysosmosaik erkennen.

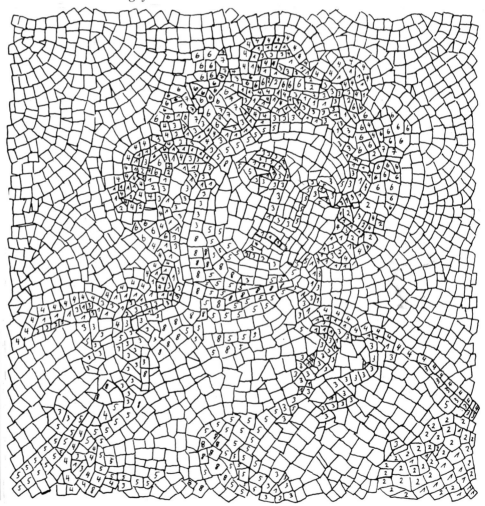

Die Christen in den Circus!

In den ersten drei Jahrhunderten hatten die Christen es sehr schwer im Römischen Reich. Immer wieder litten sie unter schlimmen Verfolgungen. Unsere Geschichte, die um das Jahr 300 in Rom gespielt haben könnte, schildert, was die Christen zu befürchten hatten.

Längs der aus Rom hinausführenden *Via Appia* erheben sich die Grabmale der vornehmen Römerfamilien. Hier liegen auch, von Gittern umzäunt, die Eingangshallen zu den Katakomben. In stockwerkartigen Galerien unter der Erde sind diese langen Gräbergänge in den weichen *Tuffstein* geschlagen. Eine kleine Menschengruppe eilt, in dunkle Mäntel gehüllt, rasch voran.

»Ach«, seufzt die junge Marcia, während sie ihr Kopftuch etwas vom Gesicht zieht, »warum nur sind wir Christen so verhasst, dass wir uns immer verstecken müssen?« Pollonius, ihr Begleiter, ergreift ihren Arm. »Daran ist nur Kaiser *Nero* schuld«, meint er. »Er hat im Jahre 64 die Stadt Rom angezündet, um billige Bauplätze für seinen Palast zu bekommen. Dann brauchte er Sündenböcke. Dazu machte er die Christen. Seither werden unsere Glaubensbrüder immer wieder verfolgt!«

»Das ist eine fromme Legende«, mischt sich der alte Lentulus ein. »Sicherlich war Nero ein Unhold. Er hat den heiligen Petrus und viele Christen zu Tode gebracht. Auch schob er seine Untaten den Christen in die Schuhe, aber die Gründe für die Feindschaft der kaiserlichen Regierung liegen doch tiefer.«

»Und wo liegen sie, Bruder Lentulus?«, fragt Pollonius.

Lentulus gehört zu den Gemeindevorstehern und ist ein gebildeter Mann. Er erklärt seinen Begleitern, dass die Römer, die stolz auf ihre Legionen und deren Kriegserfolge sind, es nicht verstehen können, wenn die Christen Frieden unter allen Menschen predigen. Zudem lehrt Christus, dass die Seelen aller Menschen vor Gottes Richterstuhl gleich seien. Wo bleibt da der Unterschied zwischen Senator und Sklave? Außerdem haben die römischen Beamten kein Verständnis dafür, dass die Christen sich weigern, dem Kaiserstandbild Weihrauch und Opfergaben darzubringen. Ein guter Christ kniet nur vor Gott. Die Beamten aber meinen, wer dem Kaiser nicht opfert, ist ein Staatsfeind.

Kaiser Nero

Via Appia
Straße, die von Rom bis Capua führte.
Tuffstein
Lockeres Vulkangestein
Nero
Römischer Kaiser von 37 bis 68 n.Chr.

Rekonstruktion eines Raumes der Cäcilia-Katakombe:
Zu sehen sind Grabnischen und christliche Bilder an den Wänden.

Ein großes Gebäude für Gladiatorenspiele war auch das Kolosseum in Rom.
Um das Jahr 300 könnte es so ausgesehen haben, wie das Bild zeigt.

»Warum können die Menschen nicht friedlich und barmherzig miteinander sein?«, klagt Marcia. »Schließlich ist Gott unser aller Vater und Richter.«
Unter solchen Reden sind die Drei dem finsteren Gebäude immer näher gekommen, das an der Via Appia aufragt. Nun sieht man auch wandernde Windlichter von anderen Seiten näher kommen. Durch Nacht und Regenschauer eilen die Christen ihrem Treffpunkt entgegen.
Marcia und Pollonius treten eng aneinander gedrückt ein. Von dem weißhaarigen Lentulus geleitet, gehen sie gleich auf den Gang zu, der ins Innere der Erde führt. Lentulus hat von einem Mann eine rötlich leuchtende Öllampe in Empfang genommen, die er nun hochhält, um den Weg zu erhellen. Der bröckelige Stein an den Seiten ist nicht nur zu Grabschächten ausgehöhlt, er erweitert manchmal auch den Gang zu hallenartigen Räumen.
Endlich gelangen Marcia und Pollonius in einen kapellenartigen Raum, in dem sich eine murmelnde Menge drängt. Auf einem Steinblock ist ein Altar errichtet. An den Wänden haben einfache Leute Kreuze, einen Hirten mit dem Lamm, das Zeichen des Fisches und das Auge Gottes hingemalt. Kaum sind die Letzten eingetroffen, als aus einem

Nebenraum ein Priester mit dem Kelch des Abendmahls kommt.

»Oh«, flüstert Pollonius seiner Marcia zu, »das ist heute sogar der ehrwürdige *Marcellinus*, der Bischof von Rom und Nachfolger des heiligen Petrus, den wir Papst nennen, was auf Griechisch so viel bedeutet wie Vater.«

Kaum hat der ehrwürdige Marcellinus begonnen, die Worte der Einleitung zu sprechen, als von oben her Geschrei und Waffengeklirr erklingen. Große Aufregung entsteht. Die Menschen laufen kopflos durcheinander. Einige Besonnene löschen die Lichter aus und rufen den anderen zu, sich in die Gänge zu zerstreuen.

Auch Marcia und Pollonius fliehen in die Tiefe der Katakomben. Aber plötzlich lodern Fackeln auf. *Prätorianer* sperren den Gang ab, in den die beiden gerade einbiegen. Als Staatsverbrecher werden sie verhaftet und abgeführt.

Nachdem sie einige Wochen in den finsteren, feuchtkalten Gewölben der Kerker zugebracht haben, teilt man ihnen mit, dass die Stunde nahe sei, in der alle Christen für ihren Glauben einstehen müssen. Was hat das zu bedeuten? Wiederholt hat der Richter sie in den vergangenen Wochen gefragt, ob sie das Kaiseropfer darbringen und Christus abschwören wollen.

Doch nur wenige Christen haben Angst bekommen und ihren Glauben verleugnet. Auch Marcia und Pollonius haben sich tapfer zu Christus bekannt und das Opfer verweigert.

Nun sind sie für den *Circus maximus* bestimmt. Ein hoher Beamter feiert Geburtstag und gibt »Spiele«. Diese Spiele beginnen mit den beliebten Wagenrennen, dann folgen Gladiatorenkämpfe. Dabei treten einander viele Paare von Fechtern gegenüber. Sie verwunden und töten sich unter dem lärmenden Beifall der Massen. Rom ist grausam und vergnügt sich, indem es dem Sterben und Leiden anderer Menschen zusieht. Der letzte Teil der Festspiele besteht in Tierhetzen. Hierbei sollen die Christen – unter ihnen auch Marcia und Pollonius – mitwirken. Sie umarmen sich noch einmal in dem düsteren Gewölbe, in das man sie gebracht hat. Dann öffnen sich die schweren Tore, blendendes Licht strömt von der Sandfläche herein. Nun müssen sie in die Arena, wo in vielen Rängen übereinander mehrere tausend Römer samt ihren Familien essend, trinkend, lärmend und schwatzend beisammensitzen. Ungeheueres Geschrei empfängt die Verurteilten. Sie blicken verwirrt zu der Loge des Kaisers hinauf.

Wildes Geheul erfüllt die Arena. Entsetzt fahren Marcia und Pollonius herum: Ein Rudel Löwen

Marcellinus
Papst von 296 bis 304 n. Chr.

Prätorianer
Soldaten zum besonderen Schutz des Kaisers. In Rom selbst waren sie eine Art Polizei.

Circus maximus
Große Sportarena in Rom

und Scharen rasender Wölfe quellen aus den Käfigen hervor und stürzen sich auf die Christen. Durch das Geschrei der Menge aufgestachelt, beginnen die wilden Tiere, unter den menschlichen Opfern zu wüten. Vor Angst zitternd wendet Marcia sich an Pollonius: »Komm«, sagt sie mit glänzenden Augen, »flüchten wir zu ihm, der unsere Hoffnung und unser Glaube ist: zu Christus.« Die Christen tun es dem Mädchen gleich. Sie knien nieder, und der weißhaarige Lentulus stimmt den Chor an, den sie nun singen.

Während sich Löwen, Wölfe und nun auch hungrige Bären auf die Verurteilten stürzen, hört man da und dort unter den Heiden die Frage: »Was ist das für ein Glaube, der die Menschen so tapfer macht?«

Gladiatorenkämpfe in und außerhalb der Arena, Freskomalerei aus Pompeji.

- *Lentulus nennt drei Gründe, warum die Christen verfolgt wurden. Zähle sie auf!*
- *Marcia und Pollonius werden dem Richter vorgeführt: Welches Verbrechen wirft der ihnen vor? Wie verteidigen sich die beiden? Versucht nachzuspielen, wie die Gerichtsverhandlung vor sich gegangen sein könnte.*

Begegnung am Limes

Wie sah es an den Grenzen des Römerreiches aus? Nachdem sie 9 n. Chr. im Teutoburger Wald eine große Schlacht gegen die Germanen verloren hatten, errichteten die Römer den Limes, einen Grenzwall, der von Remagen bis Regensburg, über 548 km quer durch das heutige Deutschland führte. Diesen befestigten sie mit Wachtürmen, Palisaden, Erdwällen und Gräben, denn sie fühlten sich von den Germanen bedroht, die hinter dem Limes im dicht bewaldeten, unwegsamen Land wohnten.

Gähnend lehnten die Wachsoldaten am Tor. Hartmut hatte den Helm am Torbalken aufgehängt, und Wigand, sein Kamerad, saß auf einem Stein daneben und kratzte gelangweilt mit der Lanze im Sand. Hinter ihnen auf dem steinernen Turm lehnten die anderen Wachsoldaten über dem Geländer und blinzelten schläfrig in den heißen Tag. Es waren friedliche Zeiten. Seit vielen Jahren war es an der Grenze ruhig geblieben, und die Römer überließen die Wache ihren germanischen Hilfstruppen.

Gundmar auf dem Turm stößt seinen Nebenmann an. »Ein Wagen!«, ruft er. Nun sehen auch die anderen Wächter auf. Aus dem Walde heraus über den kahlgeschlagenen Grenzstreifen rumpelt ein Wagen. Zwei Ochsen ziehen das vollgepackte Gefährt. Ein germanischer Bauer geht daneben her. Er hält einen Stock in der Hand und treibt die Tiere von Zeit zu Zeit an. Auf dem Wagen – zwischen Säcken, Stroh, allerlei Krügen und Hausrat – sitzt die Frau. Die Kinder traben barfuß – nur mit einem kurzen Kittel bekleidet – hinterher.

»Brrr!«, ruft der Mann. Der Wagen steht.

»Wohin wollt ihr?«, fragt Hartmut. Er hat inzwischen den Helm aufgesetzt, und Wigand richtet die Lanze auf. Die Fremden sollen Achtung haben vor den Soldaten des Kaisers.

»Wir sind auf dem Weg in die Stadt Mainz, um unsere Waren auf dem Markt der großen Stadt zu verkaufen.«

»Was habt ihr geladen?«

»Schöne Gänsefedern, zwei ganze Säcke voll«, antwortet der Bauer stolz, »und Felle und langes, seidiges Frauenhaar und Honig und schönen, glattgeschliffenen Bernstein.«

»Habt ihr auch keine Waffen versteckt?«, fragt Hartmut streng.

Germanische Händler am Limes. Modell aus dem Limes-Museum in Aalen.

Legionäre
Römische Soldaten, die in Legionen (ca. 6 000 Mann) eingeteilt waren.

- *Lies genau: Was waren das für Soldaten, die am Limes Dienst taten?*
- *Kannst du den Begriff Zehntland erklären?*
- *Das Grenzheer kostete dem Kaiser viel Geld. Woher nahm er wohl das nötige Geld? Wodurch wird heute eine Armee unterhalten?*

»Ihr wisst, auf das Mitführen von Waffen steht die Todesstrafe. Ihr kommt in ein friedliches Land, und Waffen tragen hier nur die *Legionäre* des Kaisers.«
»Schaut nur nach«, erwidert der Bauer, »ihr werdet keine finden.«
»Durchsucht den Wagen!«, ruft der Wachführer.
Zwei Männer klettern auf den Wagen, wühlen in Kästen und Säcken und schütteln argwöhnisch Kannen und Krüge. »Keine Waffen!«, ruft Hartmut befriedigt, »aber ihr habt euren ganzen Hausrat auf dem Wagen. Wozu braucht ihr Töpfe, Hacke, Spaten und Pflug? Wer soll euch das abkaufen in der Stadt Mainz?«
»Niemand! Das brauche ich für einen neuen Hof. Ich will Pächter werden im Zehntland.«
»Pächter willst du werden, Land des Kaisers willst du bestellen! Gefällt's dir hier nicht mehr?«
»So ist es, Freund. Mein Sohn lebt auch im Zehntland zwischen Rhein und Donau. Er ist Legionär wie du. Vergangenes Jahr war ich in Mainz mit Handelsgut. Da hab' ich viel gesehen, was mir gut gefiel. Das Korn steht dicht und die Früchte sind dicker und süßer als bei uns. In euren Städten mit den steinernen Häusern kann man manches Brauchbare gegen seine Ernte eintauschen. Und die Straßen sind sicher. Gern will ich den zehnten Teil meiner Ernte abgeben, weil ich weiß, dass ihr die Grenzen schützt.« Während der Bauer Kisten, Säcke und Krüge wieder auf seinen Wagen lädt, erklärt seine Frau den Soldaten: »Es ist kein leichtes Leben mehr im freien Germanien. Aus dem Osten fallen immer wieder fremde Stämme in unser Land ein. Es drängen alle nach dem Westen. Das Römerreich zieht sie mit Macht an, gerade wie das Feuer die Wölfe. Schwere Zeit wird's geben an der Grenze. Der Zaun da wird in Flammen aufgehen.«
»Red' keinen Unsinn«, unterbricht sie der Wachführer barsch. »Die Grenzen Roms sind sicher!« Verärgert ergreift er seine Lanze, schlägt mit dem stumpfen Ende auf die Ochsen ein, und rumpelnd rollt der Wagen durchs Tor über den holperigen Hohlweg auf die glatte, gepflasterte Straße ins Reich der Römer.

Germanische Familie

Auf Grund ihrer Ausgrabungen können die Archäologen einige Aussagen über das Aussehen der Germanen machen. So waren sie nicht wesentlich kleiner als die heutigen Menschen. In der Regel betrug die Größe der Männer etwa 1,70 m, die der Frauen zirka 1,60 m.

- Wenn es dir Spaß macht, kannst du dich als Maler versuchen!

Lesetipps

Baumann, Hans: Ich zog mit Hannibal
Ein 12-jähriger Junge zieht als Elefantentreiber im Heer Hannibals mit über die Alpen.

Dilon, Ellis: Im Schatten des Vesuv
Ein Junge erlebt die letzten Tage von Pompeji.

Grund, Josef C.: Feuer am Limes
Fesselnde Erzählung über die Begegnung von Römern und Alemannen.

Grund, Josef C.: Gib mir meine Legionen wieder
Erzählung zur Schlacht im Teutoburger Wald (9 n. Chr.).

Kustermans, Paul: Die Legionen in der Falle
In Gallien, wo die einzelnen Stämme sich bekämpfen, herrscht Unruhe; es wird befürchtet, dass die Römer kommen, die als unbesiegbar gelten.

Röhrig, Tilman: ... erzählt vom Ausbruch des Vesuv
Zwei Kinder erleben den Ausbruch des Vesuv 79 n. Chr. und den Untergang Pompejis.

Röhrig, Tilman: Mit Hannibal über die Alpen
2 000 Jahre nach Hannibals spektakulärer Alpenüberquerung folgt ein Fernsehteam seinen Spuren.

Ruttmann, Irene: Titus kommt nicht alle Tage
Zwei Kinder erleben eine Zeitreise und treffen in einem römischen Kastell Titus, einen Römerjungen.

Sienkiewicz, Henryk: Quo vadis?
Historischer Roman um den wahnsinnigen Kaiser Nero und den Brand Roms.

Stephan-Kühn, Freya: Viel Spaß mit den Römern!
Zwei Kinder führen durch das Alltagsleben im antiken Rom.

Stöver, H. D.: Drei Tage in Rom
Ein 14-Jähriger erlebt den Alltag in Rom zur Zeit Cäsars.

Stöver, H. D.: Quintus geht nach Rom
Stöver, H. D.: Quintus in Gefahr
Stöver, H. D.: Quintus setzt sich durch
Spannende Geschichte des Quintus, der nach Rom kommt, wo einige Abenteuer auf ihn warten.

Streit, Jakob: Milon und der Löwe
Eine Jugenderzählung aus der Zeit des frühen Christentums.

Sutcliff, Rosemary: Der Adler der Neunten Legion
Erzählung aus der Zeit der römischen Besetzung Britanniens. Zwei Jungen suchen ein verschollenes römisches Feldzeichen.

Sutcliff, Rosemary: Das Stirnmal des Königs
Erzählung aus dem römischen Britannien: Ein entlassener Gladiator erlebt, wie schwer das Leben in der Freiheit ist.

Wallace, Lewis: Ben Hur
Die abenteuerlichen Schicksale des von den Römern als Galeerensklaven verurteilten jungen Juden zur Zeit Christi.

Quellenverzeichnis

TEXTQUELLEN:

Der Abstieg des Spurius Ligustinus
Dank des Vaterlandes, in: Geschichte mit Pfiff 10/1990, S. 10–12.

Lebendige Ware zu verkaufen!
Otto Zierer: Imperium Romanum 200–100 v. Chr. (Bilder der Jahrhunderte, Band 6), 3. Aufl., Murnau-München-Innsbruck 1954, S. 58–65.

Es wäre doch dumm, aufzugeben!
Aufstand der Frauen, in: Geschichte mit Pfiff 10/1990, S. 4–7.

Auf die Verpackung kommt es an
Harald Parigger: Geschichte erzählt. Von der Antike bis zum 20. Jahrhundert. Frankfurt/M. 1994, S. 114–118.

Buntes Treiben in Roms engen Gassen
Berger u.a.: Zeiten–Völker–Kulturen, Band 1, Wien 1975, S. 137 f.

Anleitung zum Anlegen einer Toga
Klaus Sturm u.a.: Entdeckungsreisen 2, Materialienheft, Wien 1994, Kopiervorlage 10.

Menschen – Tiere – Sensationen
Karl-Hans Grünauer: Geschichten aus der Geschichte (Band 1: Altertum). Puchheim 1995, S. 58.

Unser tägliches Latein
Entdecken und Verstehen, Band 1. Frankfurt/M. 1988, S. 102.

So spielten die Kinder in Rom
Archäologischer Park Xanten.

Vögel fielen tot aus der Luft
Helmut Höfling: Detektive mit dem Spaten. Rätsel und Abenteuer der Archäologie. Reutlingen 1975, S. 7–10 u. 17–19.

Rebellion der Rechtlosen
Rebellion der Rechtlosen, in: Geschichte mit Pfiff 2/1984, S. 29 f.

Nur das Beste vom Besten
Im Trajansmarkt, in: Geschichte mit Pfiff 9/1989, S. 12 ff.

Kein Schwitzbad ohne Holz!
Schwitzbäder für alle Zeiten? In: Geschichte mit Pfiff 7/1984, S. 10 f.

Steine statt Teppich
Freya Stephan-Kühn: Viel Spaß mit den Römern. Würzburg 1990, S. 103.

Die Christen in den Circus!
Otto Zierer: Hundert Geschichten aus 3 000 Jahren. Stuttgart 1985, S. 55–58.

Begegnung am Limes
Rolf Heerdt: Unser Weg durch die Geschichte. Geschichtserzählungen. Frankfurt/M. 1967, S. 18–21.

Germanische Familie
Museumspädagogisches Zentrum: Wer waren die Baiuwaren? München 1988, S. 30 f.

BILDQUELLEN:

Aus: Geschichte mit Pfiff 10/1994: S. 6. – Aus: Geschichte mit Pfiff 5/1994: S. 14. – Aus: Geschichte mit Pfiff 7/84: S. 38, 39. – Aus: Meyers illustrierte Weltgeschichte, Band 7: S. 36/1. – Aus: Rom und der Vatikan, Florenz 1972 [Benochi Editore]: S. 35/2, 6/1, 26/2. – Aus: Geschichte mit Pfiff 10/1994: S. 6. – Aus: Geschichte mit Pfiff 5/1994: S. 14. – Aus: Geschichte mit Pfiff 7/1984: S. 38, 39. – Aus: Meyers illustrierte Weltgeschichte, Band 7: S. 36/1. – Aus: Rom und der Vatikan, Florenz 1972 [Benochi Editore]: S. 35/2, 42/2. – Aus: Wir machen Geschichte 1, Frankfurt/M. 1996 [Diesterweg]: S. 26/1, 26/2. – AKG: S. 13, 35/1. – Anno, Band 1, Braunschweig 1994 [Westermann]: S. 4, 5, 27. – Archiv für Kunst und Geschichte Berlin: S. 18. – Blosig W./Bohusch W.: Von Jesus bis heute, München 1973 [Kösel Verlag]: S. 42/1. – Bosch G., Stuttgart (nach Vorlagen von P. Knoch): S. 31. – Connolly Peter: Pompeji, Hamburg 1979 [Tessloff]: S. 28, 29. – Die Welt der Antike, Kulturgeschichte Griechenlands und Roms, München-Zürich 1981 [Droemer]: S. 17, 33, 34. – Forman Werner: S. 44. – Kodansha Ltd.: S. 32, 36/2. – Kreiner Christine: S. 3/2. – Lewis, B. R.: Das alte Rom (Was ist was?), Hamburg 1974 [Neuer Tessloff Verlag]: Umschlagbild, S. 7, 23. – Limes-Museum Aalen: S. 9, 46. – Mansell Collection: S. 47. – Museumspädagogisches Zentrum: Wer waren die Baiuwaren? München 1988: S. 47. – Pickering Jayne: Aus: Alte Kulturen, Eine Reise in die Vergangenheit, Köln 1995 [Delphin]: S. 3/1. – Plass Günther, Wien: S. 25, 26/3. – Rettich Rolf: S. 20/21, 40. – Scala, Florenz: S. 15. – Spielbergmühle: S. 22. – Staatliches Museum Berlin: S. 10.